RENUEVA TU MENTE

5 PRINCIPIOS PRÁCTICOS QUE TE AYUDARÁN A REGRESAR AL CAMINO DE LA VIDA

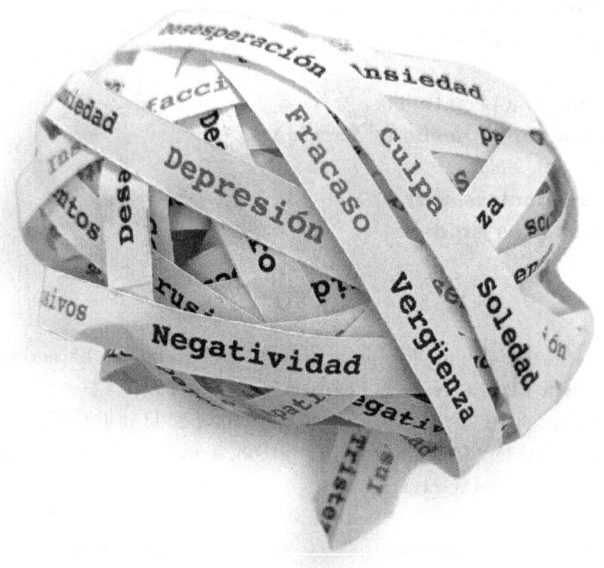

Más que un libro, un manual de vida

SERGIO MONCADA LEAL

Publicación Independiente
ISBN: 979-8-9929341-0-6

RENUEVA TU MENTE
Primera edición: Febrero 2025
Copyright © 2025 Sergio Moncada Leal
contactoconsergio@gmail.com
🅞 **renuevatumente_**
🅕 **Renueva Tu Mente**

Edición: Sarai León Patiño
Maquetación y Diseño de Portada:
Gisela Lerma Salazar
www.tresunotres.com
🅞 **tresunotres_studio**

A menos que se indique lo contrario, todo el texto bíblico ha sido tomado de la **Santa Biblia, Nueva Traducción Viviente,** © Tyndale House Foundation, 2010. Usado con permiso de Tyndale House Publishers, Inc., 351 Executive Dr., Carol Stream, IL 60188, Estados Unidos de América. Todos los derechos reservados.

Todos los derechos reservados. No se permite la reproducción total o parcial de esta obra, ni su incorporación a un sistema informático, ni su transmisión en cualquier forma o por cualquier medio (electrónico, mecánico, fotocopia, grabación u otros) sin autorización previa y por escrito de los titulares del copyright. Excepto breves citas en reseñas y debidamente identificada la fuente. La infracción de dichos derechos puede constituir un delito contra la propiedad intelectual.

*Quiero dedicar unas palabras de gratitud a las personas que,
con su amor y apoyo incondicional, han sido mi fuente
de fortaleza a lo larga de este viaje.*

*A mi esposa Iveth, por su paciencia, compresión y por estar
a mi lado en cada momento del proceso.
Tu amor y tus palabras de ánimo, han sido un gran apoyo
que han guiado mis pasos, y no hay suficientes palabras para
agradecer todo lo que has hecho por mí. Te amo.*

*A mis hijos, Deby y Dany, Marian, Sergio Andrés
y Paulita, por ser mi mayor motivación.
Han estado ahí escuchándome todos estos años dando el Taller.
Ustedes son la razón por la que siempre encuentro
un propósito renovado cada día.*

*Y, por supuesto, a Dios, por darme la fuerza y la sabiduría
para superar los momentos más oscuros.
Sin Su guía, no habría podido encontrar el camino
hacia la vida abundante. Mi fe ha sido el pilar
que me ha sostenido en todo este proceso.*

*Este libro no sería posible sin su amor y apoyo.
A todos ustedes, mi más profundo agradecimiento.*

CONTENIDOS

PREFACIO: Desde mi propia Oscuridad IX

INTRODUCCIÓN: Palabras de Esperanza 14
CAP 1 Me siento triste y no sé por qué 15
CAP 2 La «V» de la victoria 22
CAP 3 Vas a estar bien 33

PRINCIPIO 1: No todo lo que pasa por tu mente es una verdad 42
CAP 4 Cómo vencer las figuraciones 45
CAP 5 Cómo vencer los temores infundados 54
CAP 6 Cómo vencer los teatros mentales falsos 69

PRINCIPIO 2: La trampa del desenfoque de tus ojos 82
CAP 7 El mecanismo que usa tu mente para hacer teatros mentales falsos 85
CAP 8 La radiografía de una crisis de ansiedad 99

PRINCIPIO 3 ¿Cómo se hicieron tan fuertes los pensamientos de tristeza? 110
CAP 9 ¿Quién es verdaderamente mi enemigo? 114
CAP 10: Descubrimientos de la neurociencia que te ayudarán en el proceso de salida 130

PRINCIPIO 4: Un regalo para mi mente cansada 140
CAP 11 La tabla de pensamientos obsesivos 142
CAP 12 Cómo llenar la tabla de pensamientos obsesivos 154

PRINCIPIO 5: Viví para contarlo 168
CAP 13 Dos historias de esperanza 170
CAP 14 Mi mente puede sanar 176

Conclusión 194
CAP 15 Diez señales de que mi mente está sanando 198
CAP 16 Recomendaciones para antes de dormir 206
CAP 17 Promesas de Dios para la casilla 5 216

Desde mi propia Oscuridad

PREFACIO

BIENVENIDO A RENUEVA TU MENTE.

Quiero contarte dónde empezó todo lo que vas a leer aquí.

Después de pasar algunos meses sin salir de mi casa comienzo a sufrir ataques constantes de ansiedad y nervios. Experimento extrañas sensaciones de que alguien me persigue. No encuentro el sentido de la vida. Todo me atemoriza, no tengo esperanza y descubro que dentro de mí surge un deseo constante de morir. El llanto llena mis ojos, aparentemente sin razón. Deseo estar acostado todo el día. Todo esto acompañado de la pérdida del apetito.

Todos mis amigos se preguntan dónde estoy… y yo no quiero recibir visitas. Las noches me parecen muy, muy largas, y los días, ni se diga. Aunque estoy rodeado de personas que me aman, mi mente gira y gira, haciendo de los pequeños detalles de la vida grandes avalanchas de nieve cayendo sobre mí. Muy constantemente despierto asustado en las madrugadas, sin poder dormir bien. Siento que una nube oscura gobierna mis pensamientos y mis emociones.

Por alguna razón genero tantos pensamientos abrumadores y destructivos, que al final, me convierto en ellos. Como un muerto viviente, la vida me está consumiendo y no encuentro una salida.

Pensamientos de baja autoestima inundan mi ser. He perdido las ganas de arreglarme, bañarme, rasurarme, salir a pasear, y mucho menos, divertirme. Siento cómo los momentos bonitos de mi vida se van borrando poco a poco de mi memoria... y no tengo de dónde sostenerme.

Recuerdo que no hace mucho tiempo fui una persona alegre y social, pero ahora me encuentro en el hoyo más profundo, lleno de recuerdos dolorosos y de pensamientos obsesivos, suicidas, que me dicen una y otra vez que nada va a mejorar.

Sin entender cómo es que caí en esta espiral descendente y sin encontrar una luz que me guíe, con mucha desesperación y muy agotado emocionalmente, poco a poco, como un milagro, mi fe y mi confianza en Dios me llevaron a descubrir los principios que me ayudaron para encontrar el camino hacia una **mente renovada**.

Renueva tu mente es el testimonio de mi proceso de recuperación, de cómo salí del infierno de la depresión y la ansiedad. En este, que yo considero un manual de vida, encontrarás todo lo que aprendí y estoy seguro que te ayudará a ti también para encontrar ese camino perdido de regreso a la vida.

No importa si has llegado a sentirte como yo o si solo sientes que la vida no era lo que esperabas, **Renueva tu mente** te puede ayudar. También puedes usar este libro para ayudar a otros a salir de la depresión.

Acompáñame en este viaje de descubrimiento personal y transporta lo que yo aprendí a tu propia vida. Estoy seguro de que nunca más volverás a ser el mismo. Si sigues paso a paso cada herramienta, sentirás que, desde el primer capítulo, se abrirá una luz de esperanza que te permitirá ver tu futuro de una manera diferente.

Hoy me siento bien, puedo sentarme en mi sillón favorito, tomar una taza de café y descansar; cerrar mis ojos y no pensar en nada más que en este momento. Recuperé el control de mi mente. Duermo bien, ya no me quiero morir. Me siento útil y con propósito. Y aunque no estoy exento de pasar por situaciones difíciles, ahora las enfrento de una manera diferente. Por la gracia de Dios tengo una familia extraordinaria, tengo metas y un futuro con esperanza.

> «Lo que para mí fue la experiencia más horrible, Dios la ha convertido en la enseñanza más importante de mi vida».

Después de más de veinte años de dar conferencias y consejerías y de escuchar muchos testimonios de lo que estos principios pueden hacer, me animé a escribir **Renueva tu mente,** que estoy seguro será de gran ayuda para tu vida.

Te recomiendo que no pases de largo ningún capítulo, tarea o actividad. No están de más, sino al contrario, cada sugerencia que te voy a dar fue una herramienta clave en mi proceso de recuperación.

Lo que estás a punto de leer no lo aprendí en un salón de clases ni en un diplomado de bienestar integral. Lo aprendí en la crueldad de la depresión. Soy un testimonio de que sí se puede salir. ¡Y por eso lo quiero gritar con este libro! Prepárate para el mejor tiempo de tu vida. **¡Vas a estar bien!**

Si tienes este libro en tus manos es porque tal vez estás pasándola mal. Tranquilo, sé exactamente cómo te sientes, ya pasé por ahí. Me imagino que estás desesperado, sin saber qué hacer, pensando que este es un libro más que no te va a ayudar en nada.

Si tu vida se parece a un laberinto sin salida no dejes este libro de lado. Sigue adelante, estoy seguro de que con cada palabra que te voy a dar te sentirás identificado, pensando que este libro fue especialmente escrito para ti.

Te comparto los cinco principios que encontrarás en este libro:

- *Principio 1.- No todo lo que pasa por tu mente es una verdad.*
- *Principio 2.- La trampa del desenfoque de tus ojos.*
- *Principio 3.- ¿Cómo se hicieron tan fuertes los pensamientos de tristeza?*
- *Principio 4.- Un regalo para mi mente agotada.*
- *Principio 5.- Viví para contarlo.*

Te doy la bienvenida a **Renueva tu mente**. Que disfrutes el proceso.

Sergio Moncada
Monterrey, México.

INTRODUCCIÓN

PALABRAS DE ESPERANZA.

CAPÍTULO 1:
**Me siento triste
y no sé por qué**

CAPÍTULO 2:
La "V" de la Victoria

CAPÍTULO 3:
Vas a estar bien

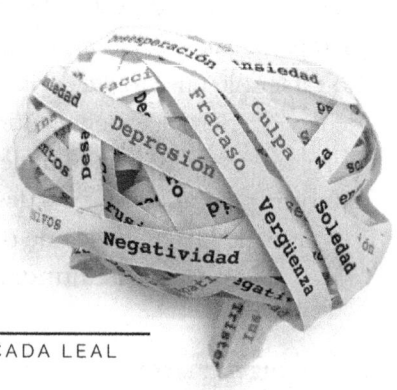

RE**NUEVA**TU**MENTE** | SERGIO MONCADA LEAL

INTRODUCCIÓN

Palabras de Esperanza

LA DEPRESIÓN es una batalla invisible que muchas veces enfrentamos en silencio. Se presenta en las sombras, robando la luz de nuestros días y sembrando dudas sobre nuestra capacidad para seguir adelante. En este libro te quiero compartir no solo mi historia, sino también las palabras de esperanza que descubrí en mi propio viaje hacia la sanidad.

Salir de la oscuridad no es un proceso fácil, pero es posible. Cada paso, por pequeño que sea, nos acerca al camino de regreso a la vida, y aunque a veces parezca que nunca llegaremos, siempre hay un camino hacia la recuperación.

Las palabras que aquí encontrarás no son promesas vacías, sino recordatorios de que la tristeza no define quién eres. A lo largo de estas páginas buscaré ofrecerte consuelo, ejemplos reales, fe, compresión y sobre todo, la certeza de que no estás solo en esto. La depresión puede nublar nuestra visión de la vida, pero la esperanza tiene el poder de restaurarla. Este libro no es solo para quienes atraviesan la tormenta, sino también para aquellos que desean comprender, acompañar y ser faros de luz en la vida de otros.

Hoy, más que nunca, hay esperanza.

CAPÍTULO 1

Me siento triste y no sé por qué

DURANTE ALGÚN TIEMPO, por cuestiones de trabajo, tuve que viajar una vez al mes a la Ciudad de México. En uno de esos vuelos de regreso a Monterrey me sucedió algo inesperado. A un lado mío se sentó una mujer delgada, bien vestida, alegre, elegante y muy platicadora. Todavía no despegábamos y por la plática parecía como si nos conociéramos de muchos años. Yo iba en el asiento 3A del lado de la ventanilla, ella, en el asiento del medio, y su hija, en el asiento del pasillo.

Comenzó a platicar de sus viajes, y pronto noté que era una señora de la alta sociedad, pero se percibía sencillez en su corazón. Se interrumpió nuestra charla mientras despegábamos, pero, inmediatamente, como si fuera el destino del Creador que hayamos estado sentados juntos, siguió la plática. Tal vez platicamos por unos treinta minutos más, cuando se me ocurrió hacerle una sencilla pregunta:

—Entonces, Sra. Anita —dije—. ¿Usted viaja mucho?.

—Sí —me contestó ella, sonriendo mientras asentía con la cabeza.

—Entonces, ¿le gusta la playa? —pregunté emocionado (todavía hoy no sé porque le hice esa pregunta). La verdad es que nunca imaginé a qué nos iba a llevar su respuesta, y ha estado en mi mente desde que me la respondió. No solo me sirvió para continuar con la plática, sino que me ha servido a mí por el resto de mi vida.

Ella me respondió:

—¡Ay, mijo! —con un tono medio triste en su voz, pero, sin dudas, con ganas de seguir platicando—. Cuando tenía quince años — continuó diciendo— una ola me revolcó y nunca más volví a la playa. Fue tan fuerte la experiencia que ya no quise volver a ninguna playa.

Como mexicano que soy, una sola expresión salió de mí:

—¡Órale! Pero ¿cómo fue eso? —continué, intrigado.

Y ella, con sus ojos bien maquillados, que empezaban a cristalizarse con sus recuerdos, me remontó a su adolescencia para platicarme con todo detalle cómo habían sido las cosas. Me quedé medio frío con su respuesta. Una mujer con dinero que había viajado por todo el mundo había tomado una decisión que marcó el resto de su vida.

Mientras me sudaban las manos por lo difícil de lo que yo consideraba la siguiente pregunta, me animé a hacerla. De repente, la sobrecargo nos interrumpió para darnos unos refrescos y una pequeña bolsa de cacahuates; esos segundos me ayudaron para hacerme fuerte, buscando tomar aire para la siguiente pregunta. Tenía que formularla. Sabía que iba a ser difícil, pero no podía continuar la plática si no la hacía (espero que tú, lector, estés preparado).

Seguí hablando, y con todo respeto, dije:

—Sra. Anita, ¿qué edad tiene?

Traté de pasar saliva por mi garganta, esperando que mi nueva amistad no se acabara tan repentinamente como había comenzado; esperé su respuesta. Entonces, con su rostro firme y una voz segura, me respondió:

—Tengo noventa años.

—¡¿Noventa qué...?!—respondí. Me quedé sorprendido (me imagino que al igual que tú).

Usualmente, cuando imparto el taller de este libro siempre tengo un pizarrón blanco y una caja llena de marcadores de colores para cualquier explicación extra que se necesite. Pero en este momento, sentado en un avión, mi pizarrón sería una servilleta con la marca de la aerolínea, y mi marcador de color, un bolígrafo prestado por la hija de la Sra. Anita.

—Le cuento que soy conferencista —dije—. Un día tuve un colapso en mi interior y después de salir de ese estado, ahora me dedico a ayudar a la gente.

Con el bolígrafo en la mano y la débil servilleta en la tambaleante mesita del avión, hice una sencilla resta: Puse noventa en un lado y quince en el otro y le pregunté.

—¿Qué diferencia hay entre noventa y quince?

Rápidamente ella respondió:

—Setenta y cinco.

Escribí el número setenta y cinco entre los dos números y en ese punto llegamos a la reflexión final.

De una manera muy sencilla le mostré a la Sra. Anita que tenía un temor instalado en su mente desde hacía setenta y cinco años. Ese temor se hizo tan fuerte, que ella lo hizo parte de su vida, de tal manera que no volvió a disfrutar de una tarde de caminar por la arena con su familia, ni volvió a sentir las olas golpeando sus pies en un bello atardecer por la playa.

Aplicación

Te puedes imaginar cuántos temores tenemos instalados en nuestra mente, que por años y años nos han hecho vivir una vida miserable, llena de tristeza. De eso se trata este libro, de hacerte consciente y descubrir esos temores para poder quitártelos de encima y vivir libres de ellos de una vez por todas.

En el proceso de salir de la depresión descubrí que es muy importante reconocer cuánto tiempo hemos estado detenidos en esos pensamientos que nos encadenan. Aunque vamos a invertir más tiempo en este tema en capítulos más adelante, es clave que vayas abriendo tu mente y tu corazón para entrar en consciencia del tiempo que hemos pasado dando vuelta una y otra vez al mismo pensamiento hasta que se convirtió en un gigante indestructible que nos mantiene tristes... ¡y hasta ya se nos olvidó por qué!

Así como le sucedió a la Sra. Anita con su temor al mar, puedes imaginar cuántos temores se han instalado en nuestro corazón de los que no nos hemos dado cuenta, que nos gobiernan, limitan y dirigen nuestra vida. Vivimos con ellos como parte de nuestra vida y todavía nos preguntamos: *«¿Por qué soy así?», «¿Por qué me siento desesperado?»*. Debemos atender las palabras del autor de los Proverbios cuando escribió: *«Ante todo, cuida tus pensamientos porque ellos controlan tu vida»* (Prov. 4:23).

Estamos tristes por sistema y ya se nos olvidó por qué.

Se nos olvidó por qué estamos tristes. Es momento de hacer un alto. De investigar tu corazón. Porque **«sin querer queriendo»,** fuiste acumulando temores, límites autoimpuestos y pensamientos obsesivos que menguaron tu vida y apagaron el brillo de tus ojos, desbaratando la esperanza y el interés por la vida... y ni siquiera te habías dado cuenta. Como la señora de nuestra historia, has tomado decisiones que han afectado el destino de tu vida. El problema es que cuando volteas hacia atrás para preguntarte por qué actúas así, los pensamientos obsesivos y los temores son tan escondidos que es difícil identificarlos para entender la raíz de muchos de tus problemas internos. Por eso te invito a que si quieres salir adelante y sentirte libre para vivir una vez más, tendrás que invertir tiempo para escribir, meditar y reflexionar, para descubrir esos pensamientos que un día te desviaron de lo que creías.

¿Tienes planeado romper el récord de setenta y cinco años de la Sra. Anita? O puedes decir «¡Basta! ¡No más! ¡Hasta aquí!».

¿Con cuántos temores has estado luchando? Si logras identificarlos, debilitarlos y renovar tu pensamiento (a lo que te ayudaré más adelante) estarás de vuelta en el camino que te lleva a disfrutar la vida otra vez. El camino de salida que a mí me costó meses llenos de horror lo tendrás con palabras sencillas, sin tecnicismos y lleno de ejemplos prácticos de personas reales que encontraron una luz en las palabras de este libro.

CONCLUSIÓN

Nunca más volví a ver a la Sra. Anita. Tal vez nunca sabré lo que pasó en su vida. A lo mejor siempre me quedaré con las ganas de saber de ella, pero nunca me quedé con las ganas de aplicar en mi propia vida y en la vida de aquellos que tengo la oportunidad de ayudar con lo que aprendí esa vez. ¡Gracias a Dios por haberme asignado el asiento 3A ese día!

Hoy cada uno de nosotros vamos por la vida con un montón de temores que han quedado grabados en nuestro corazón, que le han dado giros inesperados a nuestra vida. Pensamientos obsesivos que gobiernan nuestras decisiones de por vida y sin saber de dónde vienen, los hacemos parte de nuestra vida. Es por eso por lo que te invito a parar, a salir de las vías de nuestro tren descarrilado. Para que empieces de nuevo, pero ahora con una nueva esperanza en Dios.

REGALO EXTRA

Te invito que compres una libreta para usarla como diario. Esto es una recomendación muy importante: puede cambiar el rumbo de tu vida, aunque lo dudes. En ella podrás empezar a anotar las frases más importantes de cada capítulo y hacer una colección de versículos bíblicos que puedes repasar durante el día, o mientras caminas, en el trabajo, en la escuela, o dónde sea. Puedes escribir pequeñas frases acerca de cómo te sientes hoy, todo esto con el propósito de que aprendas a estar consciente de tus emociones y pensamientos. Habrá momentos en los que tu diario se convertirá en **«privado»**, para que puedas ser libre de escribir aun lo que sea vergonzoso, pero por ahora empieza tu colección con este versículo que me ayudó durante mi proceso de salida. La tarea es aprenderlo de memoria:

> »Tú guardarás en completa paz
> a aquel cuyo pensamiento en ti persevera;
> porque en ti ha confiado».
> Isaías 26:3

PARA REFLEXIONAR

- *¿Cada cuánto tiempo visitas tu rincón favorito para llorar?*
- *¿Le has dicho «nunca más» a alguien o a algún lugar?*
- *¿Alguna vez has estado triste y no sabes por qué?*
- *Escribe tus primeros tres temores.*
- *Escribe en tu libreta cómo sería tu vida si no los tuvieras.*
- *¿Tienes idea de cuántos años tienes cargando con algunos temores?*

TÚ GUARDARÁS en completa PAZ a aquel cuyo pensamiento en ti persevera porque en ti ha confiado.

Isaías 26:3

CAPÍTULO 2

La «V»
de la victoria

CUANDO ME HABLARON para ayudar a Laura, ella ya tenía tres meses de no salir de su casa. Había perdido la motivación por la vida, las ganas de arreglarse y salir a pasear. Sus amigas, preocupadas por la situación, se animaron a marcar mi número telefónico. En la llamada les pedí que intentaran sacarla de su casa y buscaran la manera de traerla a mi oficina para empezar a romper con las estructuras mentales que la estaban lastimando.

Como cada caso es diferente y todos tienen su grado de dificultad, lo único que me quedaba era confiar que el Dios que me rescató también podía hacer una obra milagrosa en la vida de Laura.

Cada vez que tengo la oportunidad de ayudar a alguien me acuerdo de dónde fui rescatado; de cómo pasé esas noches terribles de angustia y de cómo los días pasaban sin poder ver lo bueno que era la vida, lastimándome con pensamientos de suicidio.

Un poco nervioso con el reto que tenía por delante, se llegó la hora de recibirle.

—Adelante Laura – le dije con tono nervioso.

A diferencia de a otros casos que había visto, Laura era

más callada e introvertida. Se sentó en la silla frotándose las sudorosas manos.

—¿Cómo estás? —pregunté enseguida. Ella, todavía sin entrar en confianza, solo respondía de una manera seca y cortante. Poco a poco se fue rompiendo la barrera que nos separaba. Fue entonces que con la experiencia que Dios me había dado, empecé con las preguntas que yo sabía que iban a ayudarla a encontrar el camino de salida.

—Laura.

La vi a los ojos, respiré profundamente y le dije: —Dime tu temor más fuerte.

Ella, un poco más relajada, me dijo: —No, no tengo ningún temor.

En vez de darme alguna respuesta que me ayudara, recibí un balde de agua fría. Pensé dentro de mí en cómo podría ayudarla si ella no quería ser ayudada.

—Cuéntame Laura - ¿Por qué te sientes así? ¿Por qué no puedes salir de tu casa?

—No sé, simplemente no sé, no tengo idea – dijo, agachando la cabeza, un poco desesperada.

—No te preocupes – le dije, tratando de calmarla.

En mi caso, yo tampoco entendía por qué estaba triste. Los temores son muy difíciles de atrapar, pero una vez que salen a la luz y los identificamos, es más fácil quitárnoslos de encima. Por eso es muy importante llevar un diario de notas. Ahí podrás escribir pensamientos recurrentes que se convierten en pensamientos obsesivos que tarde o temprano terminarán por lastimarte.

Cuando Laura me dio esa última respuesta decidí cambiar de estrategia. Tomé la decisión de contarle un resumen de este libro. Le hablé de pensamientos obsesivos, de temores, de candados autoimpuestos y de cómo estos nos lastiman y hacen nuestra vida miserable.

INTRODUCCIÓN | PALABRAS DE ESPERANZA.

Usando mi pizarrón intenté ayudarla y explicarle cómo funciona su cerebro y cómo podía sanar. Esa mañana nos despedimos y yo me quedé un poco frustrado, con la sensación de que pude haber hecho algo más por ella. Como quiera que fuera, le di algo de tarea para que trabajara en sus pensamientos. Le pedí que estuviera atenta a pensamientos que anduvieran rondando por su mente que le trajeran preocupación. Al término de la reunión le di mi número de teléfono y le dije: *«Estoy para ayudarte»*. Les marqué a las amigas y les di algunas instrucciones para que trataran de ayudarla en casa.

No pasó mucho tiempo. Mientras dejaba atrás los pendientes de la oficina, como a eso de las seis de la tarde, ocurrió algo increíble. De repente sonó mi teléfono. En la pantalla estaba el nombre de Laura. Expectante de lo que me quisiera decir, contesté la llamada.

—Hola – contesté tranquilo. Por el otro lado del teléfono se escuchaba a Laura con voz entusiasta: —¡Lo encontré! ¡Lo encontré! ¡Lo encontré!— gritaba con fuerza.

—¿Encontraste qué…? —intenté preguntarle.

—¡Lo encontré! —seguía gritando sin parar—. ¡Encontré el pensamiento que me está lastimando! —exclamó con voz emocionada, y sin más preguntas de mi parte, ella continuó explicando: —Hace algunos años me invitaron a escuchar una conferencia y la frase que quedó grabada en mi mente fue: *«Todo en la vida se logra a base de sufrimiento»*.

¡Wow! ¡Increíble descubrimiento! Ahora Laura estaba en el camino de regreso a la vida. Me puse muy alegre y le pedí que nos viéramos en mi oficina de nuevo al día siguiente, lo cual ella aceptó de inmediato.

Ya estando en mi oficina, yo tenía gran interés de ver lo que Dios estaba a punto de hacer; ella me contó los detalles de la conferencia y de cómo había sido influenciada por esa frase de tal manera que con el transcurso de los años todo lo que hacía tenía que ser fruto del sufrimiento. Laura le había agregado otras cosas a su pensamiento obsesivo que la harían más adelante caer en depresión.

Comenzó a creer que ella tenía el don del sufrimiento (por cierto, nadie tiene el don del sufrimiento). Llegó a creer que alguien podía contarle sus problemas y ella los absorbería. Cuando la espiral descendente se transformó en caída libre ella ya no supo cómo responder al sufrimiento y decidió no salir de su casa. Se le cerró el mundo a su alrededor y terminó triste, sin entender por qué había llegado hasta ahí. ¿Te has sentido así?

Por eso, cuándo ella descubrió el pensamiento que la había llevado hasta ahí sintió un alivio inmediato y casi instantánea fue su libertad. Ya con una sonrisa en su rostro, no se explicaba cómo fue que había perdido todos estos años lastimándose.

Solo con encontrar el pensamiento que nos lastima hay liberación.

Cuando yo empecé a descubrir los pensamientos que me habían llevado a mi colapso emocional, los anoté en mi libreta para ponerles nombre; una tremenda liberación estaba a la puerta. Primero, porque me volví consciente de todos esos pensamientos dañinos, y luego, porque poco a poco pude quitármelos de encima. ¡Gracias a Dios!

Mientras que a Laura le llevó años su proceso de caída, le tomó tan solo un día volver al camino de regreso a la vida.

Tu salida está tan cercana, ¡ánimo!

INTRODUCCIÓN | PALABRAS DE ESPERANZA.

La «V» de la victoria

La historia de Laura nos ayuda a reconocer algunas etapas importantes de la caída y el proceso de recuperación. Para comprenderlo mejor usaremos como ilustración la letra **«V»** y la tendremos como referencia.

Cuando descubrí este principio vino esperanza para mi mente cansada. Todos, de alguna manera, hemos pasado por momentos difíciles, no obstante, cada uno los interpretamos de diferente manera. Para algunos, pasar por momentos desafiantes es como gasolina que enciende su ánimo; para otros es caer más y más en el abismo de la depresión.

Voy a explicarte ahora lo que aprendí con la ilustración de la **«V» de la victoria** y cómo me ayudó a entender, sobre todo, el proceso de caída y lo que tenía que hacer para volver a levantarme.

Etapa 1: Cuando todo está bien

En la parte alta de la **«V»** todo está bien, parece que la vida ha sido maravillosa. Todos hemos pasado por allí: nos sentimos bien, un lindo futuro nos espera. Vienen momentos difíciles pero sabemos qué hacer, nos sentimos seguros da la vida, no pasa nada. Hemos construido nuestra seguridad con dinero, salud y amigos. Somos invencibles. Vemos a los demás por debajo del hombro y no podemos soportar a las personas derrotadas y deprimidas. ¿Has estado allí?

Rechazamos cualquier idea de fracaso, porque la vida fue hecha para nosotros, los triunfadores. La arrogancia de nuestro corazón nos lleva a rechazar dar ayuda a los necesitados y nos volvemos insensibles.

Decimos: *«Ni Dios hunde este barco»*, como lo dijo el

dueño del Titanic. Lo que ignoramos es que para todo Titanic, hay un iceberg listo a ubicarlo. Ahí estaba Laura, segura de sí misma, lista para seguir llenando su ego con más información, Sin saber que estaba encaminándose a un precipicio que ella misma provocó.

Etapa 2: El proceso de caída

Entre el punto más alto de la «V» y el punto más bajo hay una línea inclinada descendente que nos ayuda a entender el proceso. Al parecer —y lo he comprobado una y otra vez— el proceso de caída no ocurre en un solo día o un solo evento. Nadie decide repentinamente caer en depresión, sino que sucede poco a poco: una ruptura sentimental, situaciones en la infancia, una decepción de alguien que apreciábamos mucho, la traición de una amistad muy allegada; después, hubo «reajuste» en el trabajo y nos tocó a nosotros. A esto se le añade el familiar que falleció, el rechazo, el abandono… y empiezan a acumularse situaciones que no procesamos correctamente y se amontonan, como una gran losa de concreto que cuando queremos quitárnosla de encima, ya no sabemos cómo. Eso fue lo que me pasó a mí.

Me gusta preguntarles a las personas:

¿Tienes alguna idea de cuánto dura el proceso de caída?

Al estudiarme a mí mismo, me di cuenta de que tenía situaciones que había acumulado por diez o quince años, de que mi proceso de caída había tomado un tiempo considerable y de que había sido algo que no había sucedido ayer. Así como Laura, que durante años fue haciendo fuerte y alimentando el pensamiento erróneo que la llevó a la depresión, agregándole otros candados que hacían más difícil su libertad.

Si te pones a pensar un momento y tratas de aplicar esto a tu vida, te darás cuenta de que estoy en lo correcto. Han pasado años desde tu primera tormenta emocional; luego, fuiste acumulando una tormenta tras otra hasta encontrarte en una prisión que tú mismo fabricaste y de la cual ahora no sabes cómo salir. Parece que la llave que abre el cerrojo se perdió. Ya no puedes fingir. Sonríes por unos momentos para después buscar un rincón para llorar. Entras a las redes sociales para calmar tus emociones, quedando peor que antes. Buscas una solución en la internet, pero quedas más confundido con tantas opciones.

Etapa 3: Mi infierno personal

Es la parte más baja de la «V». Así le llamo, «mi infierno personal». Es tan personal que es difícil que otros a nuestro alrededor entiendan por lo que estamos pasando. Hemos caído tan bajo en el pozo que ni siquiera vemos la luz que puede darnos una esperanza. La gente con buenas intenciones nos dice: *«¡Ya levántate!*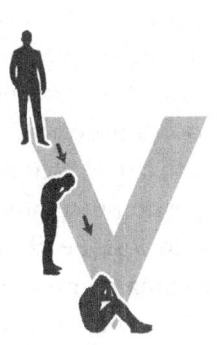
¡Sal adelante, sacúdete el pasado y ya!», pero nos damos cuenta de que se requiere algo más que eso.

Todo nos ofende, estamos hipersensibles ante todo estímulo: un sonido, un olor, palabras, actitudes de los demás. Todo está mal, todo nos molesta, no hay viaje vacacional que nos alegre y no hay cosa material que nos haga sentir bien. Lo que antes nos ayudaba a mejorar, hoy ya no es capaz de traer bienestar. La espiral se cerró tanto que caímos como en un embudo. Empiezan las noches sin dormir, los días sin esperanza, las voces en el interior comienzan a decirnos que la vida no tiene sentido, que lo mejor es ya no vivir. El timbre del teléfono nos causa preocupación. Mirar por la ventana de la casa nos pone nerviosos. ¡Salir en el automóvil nos cuesta tanto! Tratamos de ocultarlo, pero pronto los más allegados empiezan a preguntar qué nos pasa. En el trabajo baja considerablemente nuestro rendimiento y ya escuchamos acerca de un posible despido. Perdemos los nervios, temblamos, empieza el llanto sin sentido; nada nos motiva, ni la familia. Se nos fueron las fuerzas y la esperanza. ¿Has estado ahí? Yo sí. ¿Has pasado por este infierno? Yo sí.

Frágiles, a punto del colapso, nos preguntamos: *«¿Qué me pasa?, ¿cómo llegué hasta aquí?»*. El camino de regreso a la vida parece lleno de maleza y no sabemos qué hacer. *«¿Por qué no puedo ser el mismo de antes?»*, me preguntaba una y otra vez. *«¿Por qué no puedo levantarme en la mañana y dejar de sentir tristeza y depresión… como por arte de magia y ya, sentirme bien, volver a sonreír?»*.

Pero tenía que pasar por este camino para poder aprender y comunicar las grandes cosas que Dios ha hecho conmigo a miles y miles de personas que están envueltas en tristeza y no saben cómo salir de ahí.

Etapa 4: El camino de regreso a la vida.

Gracias a Dios que la **«V»** tiene otra línea hacia arriba. Hay una salida. Hay una esperanza. Yo me tardé nueve meses en entender el proceso de salida. Nadie me ayudó. Me sentía así cómo lo expliqué arriba. Así como estaba, temblando, llorando y sin dormir fui encontrando el primer escalón de salida de una manera milagrosa… y luego el otro… y luego el otro. Me llevé diez años en la caída, pero en nueve meses estaba viendo la luz de la esperanza. Un día miré a través de la ventana, vi las montañas y empecé a llorar, porque hacía mucho tiempo que no veía hacia afuera de mi casa.

Tal vez me puedes decir que eso sirvió para mí y no te servirá a ti. Calma. He visto con mis propios ojos lo que Dios puede hacer a través de estos principios. **Hay una salida.**

La gran diferencia es que yo ya recorrí el camino que te presento en este libro. Así como Laura encontró en una sesión su libertad, así puede suceder contigo. Tal vez para otros no será como ella. Tal vez tardarás un poco más en desenmarañar tus pensamientos, pero con las herramientas que trabajaremos, pronto regresarás al camino de la vida.

¡Ánimo! Tu familia te necesita, tus amigos te necesitan, el mundo necesita escuchar las grandes cosas que Dios va a hacer contigo.

DEL TALLER DEL MAESTRO

Laura es uno de los testimonios de libertad más hermosos y contundentes que Dios me ha permitido ver. Hasta el día de hoy, gracias a Dios, ella no ha vuelto a caer en depresión, aunque siguió trabajando con los principios del libro. Ella ahora está casada, con dos pequeños, involucrada en programas de apoyo a la comunidad y ayudando a otros.

Debes saber que cuándo empecé a explorar la Biblia, sin yo saber nada de ella, fui encontrándome con versículos tan hermosos que en cada capítulo me gustaría compartírtelos. Estos fueron los que empezaron a llenarme de esperanza y al final fueron ellos los que me guiaron a la libertad.

> «¿Por qué estoy desanimado?
> ¿Por qué está tan triste mi corazón?
> ¡Pondré mi esperanza en Dios! Nuevamente
> lo alabaré, ¡Mi Salvador y mi Dios!».
> Salmo 42:5

En este versículo, por alguna razón que se desconoce, el salmista se siente muy mal emocionalmente, expresa un dolor en su corazón a causa del desánimo y la tristeza. La época cuando se escribieron los salmos era de muchas batallas, traiciones y problemas familiares, y aunque no sabemos exactamente qué le sucedía, podemos percibir que el autor de este salmo está padeciendo mucha debilidad.

Me gusta mucho este versículo, porque en este se describe el problema, pero también en el propio versículo esta la salida. El salmista hace un giro importante de ver sus problemas gigantes a tener la esperanza que viene del Creador. Toma la decisión de alabarle nuevamente y de hacer de Dios su Salvador y Dios. En un proceso de restauración emocional no podemos hacer a un lado la fe. Ella es la que nos va a sostener y nos ayudará a mantener la esperanza.

Para Reflexionar

- *En tu opinión, ¿cuál fue el problema de Laura?*
- *¿Cómo lo puedes evitar?*
- *¿Por qué la transformación en Laura fue inmediata?*
- *¿Qué crees que pasaría en tu vida si descubrieras los pensamientos escondidos que te están lastimando?*
- *¿Crees que, así como sucedió en Laura, pudiera suceder contigo?*
- *Escribe en tu diario el resumen de la «V» de la victoria y de cómo puedes identificarte con ella.*

- *¿Cómo te ayuda a ti este capítulo?*
- *¿Cómo crees que te puede ayudar hacer una colección de versículos?*

```
Este curso me ayudó a identificar mis
   temores, me enseñó a debilitarlos y a
  renovar mi mente a través de las promesas
   de Dios que prácticamente había olvidado.
                    Alicia

     Por años he pasado por psicólogos,
   psiquiatras, consejería, etc. Ahora con
   la ayuda de Dios, he podido dejar atrás
   todo mi pasado. Para mí el curso de Cómo
   renovar la mente fue una linda bendición.
   Pude darme cuenta de grandes cosas, ahora
              soy libre. Dios ha hecho
                 un lindo milagro.
                    Dayler

   Este curso me mostró que verdaderamente
   el Señor ha puesto su Palabra disponible
   como herramienta para no sólo conocerle
      a él, sino también para combatir las
      situaciones de nuestra vida diaria, es
      decir, la Palabra es la fuente en donde
          podemos ser renovados diariamente.
                    Adrián
```

CAPÍTULO 3

Vas a estar bien

CUANDO CARLOS LLEGÓ a mi oficina tenía una mirada perdida, ya con varias noches de sentir un fuerte agobio en su corazón. Con su rostro cabizbajo, lo primero que me dijo al entrar fue:

«¡Ya no puedo más!»

Tratando de entender por dónde empezar a desenmarañar sus últimas palabras y qué era lo que lo había hecho llegar hasta este momento, le hice mi primer comentario:
—Carlos, cuéntame tu temor más grande.
Eso me ayuda muchas veces a llegar rápidamente al centro del problema. Entonces, él me respondió.
—Tengo miedo de fallarle a mis hijos —me dijo con un tono depresivo.
—Cuéntame más —le pedí, mientras me mantenía expectante de poder ayudarle.
—Recuerdo a mi padre abandonándonos —siguió diciendo con su mirada desenfocada— y yo no quiero repetir lo que mi papá hizo con nosotros.

Carlos había generado un pensamiento obsesivo a partir de una situación real de su familia. Carlos amaba a su familia y era una persona ejemplar, pero cada vez que pensaba en su padre lo relacionaba con sus hijos. El solo hecho de pensar en que podía repetir con su familia lo que hizo su padre le causaba mucho dolor. Repentinamente se me ocurrió preguntarle su edad. Se quedó mirándome, tal vez preguntándose para qué me serviría esa información. Me respondió: —Diez y ocho años.

Me quedé sorprendido por su respuesta, pero casi seguro que esto estaba a punto de resolverse.

—Entonces, dime, Carlos, ¿cuántos años tienes de casado? —pregunté y él respondió:

—No, no soy casado.

—Pero, entonces, ¿cuántos hijos tienes? —pregunté con asombro.

—Todavía no tengo.

Entonces tomé mi lápiz y una cuantas hojas en blanco para tratar de explicarle a Carlos lo que estaba pasando. Haciéndole unas últimas preguntas, dije:

—¿A qué edad piensas casarte?

—Pues yo creo, más o menos a los veinticinco— respondió.

Entonces dije: —Imagina que te casas a los veinticinco, como tú dices, y en unos tres años más tendrás tu primer hijo. Eso nos da la edad de veintiocho años. Eso significa que van a pasar diez años más para poder llegar a comprobar si eres un buen padre que ama a sus hijos y demostrarles a tus hijos que nunca los vas a abandonar.

—¿Diez años? —me respondió sorprendido, tratando de asimilar lo que apenas le había dicho.

¿Qué si Carlos comprueba que es el mejor padre del mundo? ¿Cuántos años iba a perder lastimándose con los pensamientos obsesivos que lo llevaron a la depresión? Carlos iba a perder diez años de su vida haciéndose pedazos en su interior, iba a ser feliz solo hasta comprobar que iba a ser un buen padre para sus hijos.

«**El noventa y dos por ciento de nuestros temores nunca sucederá**», encontré esta frase en una revista dedicada al comportamiento humano. Así como Carlos está tratando con temores reales —pero al parecer, indetectables— instalados en su corazón, muchos de nosotros estamos luchando con temores que nos lastiman y que hacen nuestra vida miserable.

Carlos tendrá que pasar diez años, ¿y tú, cuántos años pasarás postergando tu felicidad?, ¿cuántos temores te están lastimando hoy? Amas la vida, pero te preguntas: «**¿Por qué no soy feliz?**», porque sin darte cuenta, como Carlos, dejaste que los pensamientos te lastimaran sin poder identificarlos.

Carlos se fue de mi oficina diferente ese día. Cambió su mirada. Entendió que no tenía caso estar peleando con estos pensamientos en esos momentos de su vida; con mucho trabajo decidió hacerlos a un lado y comenzar a esperar en Dios para encontrar a la madre de sus futuros hijos.

Dios me dio la oportunidad de ayudarlo.

Espero suceda lo mismo contigo, que también tú puedas encontrar esperanza en las páginas de este libro.

La desesperanza

Hay un común denominador en las personas que pasan por momentos difíciles prolongados como Carlos, y cada vez que me encuentro frente a una persona que está pasando por situaciones difíciles, puedo darme cuenta rápidamente de algo. El común denominador de las personas que escucho en los talleres es la desesperanza: un sentido que la vida es injusta, de que nada puede cambiar y de que nada bueno puede venir. En algún momento de nuestra charla, vi a los ojos a Carlos y le dije: **«Vas a estar bien».** Al cien por ciento de las personas que me escuchan decir eso se les hacen los ojos grandes, y aunque algunos se les ponen llorosos, se quedan sorprendidas. Se detienen para respirar profundamente, se quedan mirándome, pensando lo que acabo de decir, pero como es tanta la opresión que sienten en su interior y han sido tantos años de intentar buscar una salida, la mayoría de las personas terminan por no creerlo.

Carlos había dejado de creer que algo pudiera cambiar en su vida. Había dejado de creer que podía haber un rayo de luz de esperanza. Carlos había dejado de creer que Dios podía intervenir de una manera milagrosa en su vida.

Así me encontraba yo. Tantos años pensando lo mismo. Si alguien me hubiera dicho: **«Vas a estar bien»,** yo tampoco lo hubiera creído.

Lo que aprendí en el camino a estar bien

Hoy que veo todo lo que sucedió en mi vida, puedo voltear hacia atrás y ver todo lo bueno que aprendí en medio de las tormentas. Por eso me gustaría compartir contigo lo que aprendí en el proceso de mi camino a renovar mi mente.

1. Me encontré con Dios en medio de las tormentas de la vida.

Lo más hermoso que aprendí en este proceso fue haberme encontrado con Dios. Mi vida dio un giro impresionante. Aunque viví alejado de Dios, siempre había personas a mi lado para recordarme que Dios podía ayudarme.

Tal vez te preguntas por qué tienen que pasar este tipo de cosas para acercarnos a Dios. Buena pregunta. Desgraciadamente tiene que venir una situación de choque para poder quebrar nuestro corazón orgulloso, independiente y arrogante; tiene que venir un momento donde ya no nos queda más. Y fue entonces cuando mi corazón cayó quebrantado y un clamor salió de mi corazón:

«Dios, no sé qué me pasa, ya no puedo más y no sé qué hacer».

Me aferré a Dios y un día —que recuerdo como si fuera ayer,— de una manera increíble, Dios en su misericordia comenzó mi proceso de liberación.

Han pasado algunos años y sigo aferrado a Dios y a sus promesas. Cuando las dificultades me quieren atrapar y debilitar, recuerdo todo lo que Dios hizo por mí. Encontré en la Biblia este versículo: *«Las montañas podrán moverse, las colinas desaparecer; pero el fiel amor de Dios permanece para siempre»* (Isaías 54:10).

2. Recibí la paz sobrenatural de Dios.

Puedes ir al supermercado y tratar de encontrar una lata de paz o tratar de comprar un kilo de paz; tal vez pases por la farmacia y pidas un jarabe de paz; pero no lo vas a encontrar. La paz verdadera solo se encuentra en Dios. Jesús lo dijo así: *«Les dejo un regalo: paz en la mente y en el corazón. Y la paz que yo doy es un regalo que el mundo no puede dar. Así que no se angustien ni tengan miedo»* (Juan 14:27).

3. Aprendí a descansar en Dios.

No encontraba un momento de descanso, mi mente daba vueltas y vueltas, hasta que encontré promesas en la Biblia tan hermosas que nunca había leído. En el carta a los Filipenses 4:6-7, por darte un ejemplo, el apóstol Pablo dice: *«No se preocupen por nada; en cambio, oren por todo. Díganle a Dios lo que necesitan y denle gracias por todo lo que él ha hecho. Así experimentarán la paz de Dios, que supera todo lo que podemos entender. La paz de Dios cuidará su corazón y su mente mientras vivan en Cristo Jesús».*

4. Puse mi confianza en Dios.

La primera carta del apóstol Pedro, en el capítulo 5:7, dice: *«Pongan todas sus preocupaciones y ansiedades en las manos de Dios, porque él cuida de ustedes».* ¿Por qué no lo supe antes?, me preguntaba constantemente. En este proceso de liberación aprendí a poner mi confianza en Dios. Tú también puedes hacer lo mismo. Pon tu vida en alguien más grande que tú.

Ahora sé que mi pasado tiene un porqué, que Dios tiene mi presente en sus manos y que en mi futuro me está esperando una vida llena de esperanza. Pon tu confianza en el Pastor que te cuida y deja que te lleve por pastos verdes y aguas tranquilas. Y aunque pases por valles de sombra de muerte, Dios estará contigo.

5. Encontré esperanza y alegría en Dios.

Mi tanque emocional estaba completamente vacío. Toda mi vida giraba alrededor de mí, pero cuando decidí poner mi vida en las manos de Dios, todo comenzó a girar alrededor de él. Por eso me uní a lo que el salmista decía: *«Cuando mi mente se llenó de dudas, tu consuelo renovó mi esperanza y mi alegría»* (Salmo 94:19). Mi esperanza empezó a renovarse y durante los principios que vamos a ver en este libro, te voy a explicar cómo volví a tener alegría duradera en mi corazón.

Para reflexionar

- *¿Cuántas veces has dicho: «¡Ya no puedo más!»?*
- *¿Qué sentimientos brotaron de ti al escuchar la frase «Vas a estar bien»?*
- *¿Qué necesita suceder en tu vida para que «estés bien»?*

- *¿Qué aprendiste de la historia de Carlos?*
- *¿Qué tiene que suceder para que rindas tu corazón a Dios? Hazlo ahora.*
- *Repasa tu colección de versículos y aférrate a las promesas de Dios.*

«Luego dijo Jesús: vengan a mí todos los que están cansados y llevan cargas pesadas, y yo les daré descanso».
Mateo 11:28

El curso "Como renovar la mente", me ayudó bastante, no tenía idea que estaba envuelto en mi mente con muchas situaciones que habían ocurrido en mi pasado. Descubrí que estaban dañándome mucho tanto espiritualmente como emocionalmente. Ya no tengo temores, Dios a la verdad a hecho un milagro en mi vida.
Héctor

Algo que no me dejaba dormir era un temor a la muerte y este seminario me ha edificado para poder vivir sin pensamientos de temor GLORIA A DIOS.
Georgina

Dios ha usado este curso para enseñarme el camino hacia el proceso de renovar mi mente día a día.
Fátima

Este curso me ayudó a comprender que soy una persona valiosa y que todo lo que quiera lo voy a lograr con la ayuda de Dios y que tengo que luchar y echar el miedo afuera.
Ana Laura

¡De oídas te había oído más ahora mis ojos te ven! GRACIAS SEÑOR. Te amo mi Cristo.
Loida

Este curso me permitió entender muchas circunstancias que están en mi alrededor. Me mostró cosas que hago y las tomo como "normal" que no permiten que sea libre. El curso rompió esquemas generales y culturas que no son la voluntad de Dios en mi vida.
Francisca del Carmen

Hace dos semanas le pedí a Dios que me ayudara a salir de la depresión. Con este curso Dios me contestó que no tengo que quitar mis temores desde la raíz para ser una persona llena de paz. Empezar por "solo hoy" y así tendré victorias y llegar a tener una vida renovada.
Paty

PRINCIPIO 1

NO TODO LO QUE PASA POR TU MENTE ES UNA VERDAD

CAPÍTULO 4:
Cómo vencer las figuraciones

CAPÍTULO 5:
Cómo vencer los temores infundados

CAPÍTULO 6:
Cómo vencer los teatros mentales falsos

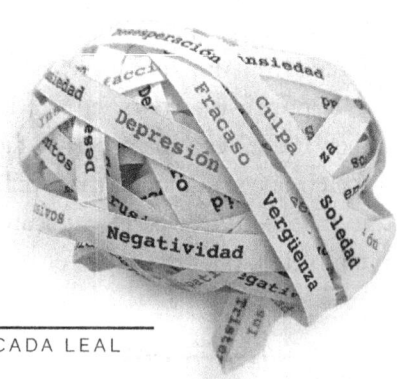

RENUEVATUMENTE | SERGIO MONCADA LEAL

PRINCIPIO 1

No todo lo que pasa por tu mente es una verdad

QUISIERA DEJAR EN CLARO algo que para mí es muy importante antes de seguir adelante. Cuando estuve en el proceso de descubrir cada uno de los principios que vamos a ver en este libro seguí sintiéndome mal, seguí escuchando voces que me decían que me suicidara, seguí temblando con mis nervios desajustados. No estaba en Cancún, debajo de una palmera bebiendo agua de coco, refrescado por la brisa del mar. Seguí sintiéndome muy mal.

Nadie estaba conmigo para decirme que lo que estaba descubriendo me iba a servir para volver a la vida. La verdad es que no sabía que cada uno de estos principios serían como una llave que poco a poco abriría los candados que yo mismo me había puesto.

Hoy te puedo decir que estos principios funcionan. Si los sigues paso a paso vas a entrar en un proceso de sanidad interior que te llevará a ordenar tus archivos mentales y a poner las cosas en su lugar. En ningún momento he dicho que es un proceso fácil, pero yo ya pasé por ahí y creo que será mucho más fácil para ti si sigues los consejos que te daré con detalle. Te explicaré lo que estos hicieron por mí y también lo que han hecho en otras personas.

En los siguientes tres capítulos te explicaré lo que entendí con el **Principio 1: No todo lo que pasa por tu mente es una verdad.** Aprendí que hay algunos pensamientos que hay que poner en duda, y yo no lo sabía.

En el Principio 1 exploraremos los siguientes tres temas:
1. **Cómo vencer las figuraciones.**
2. **Cómo vencer los temores.**
3. **Cómo vencer los teatros mentales falsos.**

Un mensaje inesperado

Recibí un mensaje de Sara, una chica de Chetumal, Quintana Roo, que me decía:

> «*Este libro ha cambiado y revolucionado la forma de ver las cosas que me sucedían. Hay muchos temores en mí, los cuales no sabía que me estaban atormentando y ahora que los he identificado puedo poco a poco sacarlos de mi mente y de mi corazón. Todo esto que he aprendido lo compartiré con mi familia, con mis amigos y con todo el que pueda. Lo que he aprendido es y será por siempre una bendición para mí y para mis futuras generaciones*».

¡Wow! ¡Que hermosas palabras! Así como pasó con Sara, tu vida puede ser transformada. Ella se dio cuenta de los temores que estaba cargando, pero ahora tiene un camino de libertad que está dispuesta a recorrer y compartir con otros.

Por favor, a lo largo de tu lectura recuerda esto:
- **Inténtalo aun con la poca fuerza que te queda.**
- **No tienes nada que perder.**
- **No puedes estar peor.**
- **Ya tocaste fondo, ahora te espera la salida.**

Cobra fuerza y empieza a aplicar los principios que presentaré en los capítulos siguientes. Fue a través de estos principios que:
1. Mis pensamientos obsesivos empezaron a desaparecer.
2. Los temores dejaron de hacerse fuertes.
3. Mi pasado dejó de lastimarme.
4. Las promesas de Dios se hicieron parte de mi vida diaria.
5. Llené mi colección de versículos bíblicos y frases que fueron taladrando mi corazón hasta que encontré libertad.
6. Se terminaron los deseos de morir.
7. Volví a la vida, volví a mi familia, volví a mis amigos.

- **¿Puedes imaginarte sintiéndote bien?**
- **¿Puedes imaginarte sintiéndote libre del pasado?**
- **¿Puedes imaginarte tranquilo y en paz?**
- **¿Puedes imaginar que Dios tiene planes de bien para ti?**

Dios está muy interesado en tu bienestar. Lo descubrí un día en la Biblia en Jeremías 29:11: *«Pues yo sé los planes que tengo para ustedes, dice el Señor. Son planes para lo bueno y no para lo malo, para darles un futuro y una esperanza»*. Aunque sea difícil de creer, ¡**vas a estar bien**! Aunque en este momento no lo creas, ¡**vas a estar bien**!

Si yo pude salir, seguro tú podrás también. Sigamos adelante, acompáñame en el siguiente capítulo y descubramos juntos el milagro que Dios ha preparado para ti.

CAPÍTULO 4

Cómo vencer las figuraciones

CUANDO CONOCÍ A TOMÁS, un hombre de cuarenta y cinco años, estaba enfrentando múltiples desafíos recientes en su vida: perdió su empleo, experimentaba crisis en su matrimonio y había estado lidiando con problemas de salud. La acumulación de estas situaciones había generado en él una profunda sensación de desesperanza y agotamiento emocional.

En su mente, comenzaron a surgir pensamientos sobre la muerte, que al principio aparecían de manera aislada, pero poco a poco se volvieron más frecuentes. Tomás pensaba cosas como: *«¿Qué sentido tiene seguir adelante? Tal vez todo sería más fácil si ya no estuviera aquí. Quizás todos estarían mejor sin mí»*.

Estos pensamientos no eran necesariamente un deseo activo de morir, sino más bien una expresión de su frustración y cansancio. Sin embargo, comenzaron a afectar su día a día, haciéndolo menos activo, más distante y con pocas ganas de hacer lo que antes disfrutaba. Tomás se sentía atrapado en una rutina sin salida, y aunque en el fondo no quería hacerse daño, sentía que estos pensamientos de muerte se convertían en una especie de escape imaginario para aliviar su carga.

Lección de hoy

Lo que estoy a punto de compartir contigo es el inicio del camino que yo descubrí hacia una mente renovada. Sentado en la sala de mi casa, como a las doce del mediodía, ese día no pude ir a trabajar, ya que tuve una noche difícil, sin poder dormir con mi cabeza llena de confusión.

Todavía temblando, sin dejar de llorar, sin esperanza, ese día fue diferente. Lo recuerdo como si fuera ayer. Extrañamente venía a mi mente una y otra vez la palabra **«aprensión»**. Se repetía constantemente: **«aprensión, aprensión, aprensión"»**. Y aquí empieza todo.

Algo estaba a punto de suceder, pero claro, yo no lo sabía ni me imaginaba. Me sentía muy desgastado. Ya había pedido ayuda a varias personas que yo pensaba me podían ayudar, pero quedaba más frustrado y triste. Y ahí estaba yo, como un barco a la deriva, golpeado por las olas de la depresión, listo para el naufragio.

No me preguntes cómo, pero fui al pequeño librero que teníamos en casa y como pude, alcance un diminuto diccionario escolar, sin saber a qué me llevaría todo aquello, busqué la palabra **«aprensión»**, y encontré estas tres definiciones que para mí no significaban nada en ese momento:

Aprensión significa:
1. **Figuraciones.**
2. **Temores infundados.**
3. **Teatros mentales falsos.**

Nunca me imaginé que lo que estaba a punto de descubrir me llevaría a la senda de mi liberación personal. No sabía que detrás de la palabra aprensión había un camino escondido que pronto encontraría.

En el Principio 1 descubrí que no todos los pensamientos que pasan por nuestra mente son una verdad, sino que nuestra mente tiene una extraña capacidad de engañarnos. Uno de los motivos más frecuentes de entrar en depresión es no filtrar nuestros pensamientos, cuáles son verdad y cuáles no. Cuando descubrí la palabra aprensión empecé a dudar de mis propios pensamientos. Tenía años creyendo que todo lo que había pensado era una verdad. Y no era así.

El empresario

Para ayudarte a entender este principio, te cuento que me llamaron por teléfono para pedirme que ayudara a un empresario que tenía unos meses de no presentarse en su negocio, una maquiladora de ropa. Él tenía un pensamiento que daba vueltas en su mente: que su empresa estaba quebrando en medio de la pandemia del COVID-19.

Llegué a su casa como habíamos quedado y me recibió muy amablemente su esposa. Cuando comenzamos a charlar, él no dejaba de repetir una y otra vez que su negocio iba de mal en peor, que todo se estaba destruyendo.

De repente se me ocurrió preguntarle a la esposa: —Y usted, ¿cómo ve el negocio?

La esposa, que estaba activamente involucrada en la empresa, me respondió con lágrimas en los ojos:

—El negocio está mejor que nunca, tenemos contratos grandes para fabricar ropa y cada día va mejorando. Tenemos mucho trabajo y necesitamos que mi esposo dirija a la empresa.

Volteé a ver a su esposo, sorprendido de la respuesta de la esposa, pensando que a través de las palabras de ella él pudiera despertar, acomodar sus pensamientos y salir adelante. En ese momento, el hombre levantó la cabeza después de escucharla y dijo en tono triste:

—Lo que sucede es que no vamos a terminar con todos los pedidos y eso nos va a hacer quebrar y no salgamos adelante.

El empresario estaba seguro que todo iba a resultar mal, cuando en la realidad no estaba sucediendo nada de eso. Había hecho tantas figuraciones de su empresa en bancarrota que su cerebro lo estaba tomando como una verdad absoluta, y cuando las personas a su alrededor le decían lo contrario, él ya no lo podía creer, cayendo así en un hoyo sin fondo.

Así como el empresario de nuestra historia, yo veía todo destruido a mi alrededor, me veía como un fracasado. Cuando la gente me decía que iba a salir adelante de ninguna manera lo creía. ¡Cuántas veces hemos estado ahí! Pareciera que todo está en nuestra contra: estamos seguros que nos levantamos con el pie izquierdo cada mañana y que va a ser el peor día de la vida, y eso va menguando poco a poco nuestras ganas de vivir y de salir adelante, hasta que descendemos a lugares de tristeza a los que jamás pensamos que llegaríamos.

Cuando generas pensamientos los cuales estás completamente seguro que sucederán (y ni siquiera han sucedido), la mente los toma como una verdad, afectando tu estado de ánimo y tu capacidad para tomar decisiones. La mente gira tanto en torno a los mismos pensamientos de fracaso que terminas el día superagotado emocionalmente, porque no les das una salida clara con esperanza.

En este capítulo voy a explicarte cómo las **«figuraciones»** mentales pueden afectar seriamente nuestra vida, nuestras emociones y nuestro futuro. En los siguientes dos capítulos hablaremos de los **«temores infundados»** y de los **«teatros mentales falsos»**, y cómo juntos estos tres se convierten en una verdadera bomba emocional lista para explotar en nuestro interior en cualquier momento.

Pero no te preocupes, saldremos de esta juntos. Sentirás una liberación al saber que nuestra mente genera constantemente pensamientos que no son verdaderos, por eso aprenderemos a filtrarlos y a quitárnoslos de encima.

¿CÓMO FUNCIONAN LAS FIGURACIONES?

Imagina que estas pasando por una situación económica difícil, tienes un tiempo buscando empleo y te urge encontrar uno rápidamente; has mandado solicitudes por aquí y por allá y por fin alguien te contestó dándote una cita para una valiosa entrevista. Es lo que andabas esperando por mucho tiempo de modo que la noticia genera esperanza en tu ser y sueñas con suplir todas tus necesidades económicas. Piensas un poco en todos tus errores laborales del pasado y decides no volver a cometerlos.

Te preparas para tu cita anhelada, repasas en tu mente una y otra vez todas las preguntas posibles y todas tus mejores respuestas. Todo está listo, nada puede salir mal. Esa mañana te arreglas, te vistes con tu mejor ropa, listo para ser el empleado del año. Enciendes tu auto y empiezas a cruzar toda la ciudad.

A medio camino tu mente comienza a repasar otra vez los posibles escenarios. Vas conduciendo… cuando en tu mente aparece tu entrevistador, un hombre malhumorado, con cara de enojado, vestido elegantemente tras un escritorio finísimo de madera, un hombre de carácter rudo, listo para ametrallarte con las preguntas más difíciles que te han hecho.

—¿En dónde has trabajado? —te pregunta. Claro que no tienes problema con esta pregunta y en tu mente la respondes sin vacilar.

—¿Cuánto quieres ganar?

—¿Cuáles son tus fortalezas?

Respondes todas esas preguntas con facilidad, ya que las habías repasado y practicado. Hasta aquí todo va bien. Pero tu mente está a punto de darte un revés.

Repentinamente, el entrevistador te hace una pregunta que no puedes contestar, así que te pones nervioso, y al verte sin saber la respuesta, empiezas a sudar y a tartamudear al intentar contestar sin llegar a nada. En tu mente observas cómo la persona que te está entrevistando gira su cabeza de un lado a otro haciéndote saber que no te dará ese trabajo que buscas. Antes de llegar a tu cita, giras tu auto y tomas el camino de regreso a casa y dices con tono enojado:

—¡Al fin y al cabo que ni quería ese trabajo! Con ese tipo de personas no me gustaría trabajar.

¿Qué pasó?

¿Por qué generamos este tipo de conversaciones en nuestro interior?

¿Por qué siempre tienen que terminar las historias mentales en derrota y fracaso?

Tu mente acaba de jugarte el juego de las figuraciones. Ni siquiera te diste la oportunidad de presentarte a la entrevista. ¿Qué si no te hubieran hecho esas preguntas? ¿Qué si te hubieran dado el trabajo que tanto necesitabas? Pero tu mente fabricó todo una figuración que no era verdadera e influenció tus decisiones.

Una persona deprimida experimenta pensamientos distorsionados de la realidad en los que el individuo crea representaciones mentales de sus sentimientos de tristeza, vacío o desesperanza. Una persona triste puede tener la figuración de estar atrapada en un pozo oscuro, lo que simboliza una sensación de falta de esperanza o su incapacidad de salir de su estado emocional destructivo.

Aplicación

Cuando me di cuenta de que mi mente estaba llena de figuraciones negativas que me estaban llevando a la depresión empezó a brillar un pequeño rayo de esperanza, porque ahora estaba consciente de todas las figuraciones catastróficas que fabricaba y las pude detener y poco a poco fueron desapareciendo. Yo pensaba que todos los pensamientos que pasaban por mi mente eran una verdad, pero me di cuenta que no era así. Yo mismo había hecho una fábrica de pensamientos destructivos que giraban día y noche en mi mente, dejándome sin fuerzas y hundido en una profunda depresión.

¿QUÉ SUCEDE CUANDO VIVIMOS HACIENDO FIGURACIONES?

1. Te sientes como en un túnel sin salida, siempre con un sentido de desesperación y ansiedad.
2. Repites todo el tiempo pensamientos de fracaso, pérdida o inutilidad. Pensar de esa manera te llena de incertidumbre.
3. Terminas desconectado emocionalmente de las personas a tu alrededor, causándoles dolor.
4. Todo el tiempo tienes un sentimiento de desesperanza… y eso es horrible.
5. Te conduces con una baja autoestima en todas las áreas de tu vida.

Seguramente te sentirás identificado con más de uno de estos sentimientos.

¿CÓMO VENCER LAS FIGURACIONES MENTALES?

- *Reconoce los pensamientos destructivos y busca centrar tu atención en alguna promesa de Dios.*
- *Atrapa todas las figuraciones catastróficas que estás fabricando y escríbelas en tu diario. Ponles nombre.*
- *Aprende que no todo lo que pasa por tu mente es una verdad, muchos de eso pensamientos no te llevan a la vida, sino a la muerte interior.*

- *Practica la meditación basada en principios bíblicos, sumérgete en la vida de Dios.*
- *Filtra tus pensamientos y haz a un lado aquellos que te están lastimando.*

PARA REFLEXIONAR

Lee y declara con todo tu corazón esta promesa y no olvides anotarla en tu diario:

> «Danos alegría en proporción a nuestro sufrimiento anterior.
> Compensa los años malos con bien».
> Salmo 90:15

Le doy muchas gracias a Dios por este taller, ya que con el he recibido mucha enseñanza e información para mi vida y para compartir con otros.
Olga

Doy gracias a Dios, porque verdaderamente estaba atrapado, encarcelado en mi mente, pero el Espíritu de Dios ha traído liberación a mi vida.
Wilber

Danos alegría en proporción a nuestro **SUFRIMIENTO ANTERIOR**

Compensa los años malos con bien

Salmo 90:15

CAPÍTULO 5

Cómo vencer los temores infundados

«Pues el Señor tu Dios vive en medio de ti.
Él es un poderoso salvador.
Se deleitará en ti con alegría.
Con su amor calmará todos tus temores.
Se gozará por ti con cantos de alegría».
Sofonías 3:17

EN LOS PRIMEROS AÑOS, cuando comencé a dar el taller «Renueva tu mente», mi manual consistía literalmente en cuatro hojas, y con ellas podía hablar por diez sesiones de una hora y media cada una. Tenía mucho que decir. Con mi ejemplo y los pocos testimonios que tenía disponibles en aquel entonces llevaba a las personas por el mapa del tesoro para encontrar libertad de la cruel depresión.

Un día una mujer que el material le causó un fuerte impacto me comentó que quería volver a estudiar el taller. Con mucho entusiasmo terminó su segunda participación y volvió a entrar una tercera vez. El taller estaba siendo de tanta ayuda para ella y su familia que decidió entrar una cuarta y una quinta. Era mi alumna fija. Al empezar con su sexta participación ella había sido tan bendecida con el contenido que había regresado el brillo de sus ojos; se sentía totalmente cambiada y tan agradecida que me comentó que quería escribir cada palabra que yo decía para poder hacer un manual más extenso y detallado, claro que accedí inmediatamente y con mucha expectación.

Siendo sincero, nunca me imaginé que tendría tantas cosas que contar, nunca me imaginé escribir un libro, mucho menos que mi vida pudiera ser usada para ayudar a otros.

A través de los años he aprendido muchas cosas que han reforzado el proceso de salida de la depresión, las cuales he ido agregando al manual de trabajo y me sorprende mucho, al enterarme que las cosas que descubrí en lo secreto de la depresión, la medicina también las ha descubierto a través de investigaciones científicas costosas.

No tengo más que agradecerle a Dios por todo lo que él ha hecho conmigo. Miro hacia atrás y de mí surge un profundo respiro de gratitud. Lo que fue el momento más horrible de mi vida ahora es la puerta de esperanza para muchas personas, y eso me mantiene trabajando para que otros puedan encontrar ese camino.

¿QUÉ ES LA DEPRESIÓN?

La depresión es un cambio en el estado de ánimo caracterizado por una sensación persistente de tristeza, pérdida de interés en actividades que antes se disfrutaban, con una variedad de síntomas emocionales y físicos. Estos síntomas pueden incluir fatiga, dificultad para concentrarse, alteraciones del sueño y del apetito, sentimientos de culpa o inutilidad, e incluso pensamientos suicidas en los casos más graves, como a mí me sucedió.

Te mencionaré algunos síntomas físicos, sociales y del comportamiento en medio de la depresión. Puedes ir marcando algunos mientras vayas leyéndolos.

Síntomas físicos:
- *Cambios en el apetito.*
- *Dolores de cabeza recurrentes.*
- *Trastorno del sueño, duermes mucho o no duermes.*
- *Fatiga crónica, siempre estás cansado.*
- *Taquicardia, preocupación constante.*

Síntomas sociales:
- *Trastorno de la realidad, todo lo vez en la escala de grises.*
- *Estado de ánimo impredecible, hoy estas bien, mañana, ¿quién sabe?*
- *Desconexión de las personas, pierdes el interés por mantener tus amistades.*
- *Sentimientos de culpabilidad, le das la vuelta una y otra vez a tus errores.*
- *Mal humor, pierdes amigos con facilidad, empiezas a decepcionar a los demás.*

Síntomas del comportamiento:
- *Evitar personas y lugares que te causan dolor emocional.*
- *Postergar las cosas, pierdes el ánimo para terminar los asunto pendientes.*
- *Aislamiento.*
- *Caminar de un lado a otro.*
- *Pérdida del interés por la vida.*
- *Deseo de morir.*
- *Ataques de pánico.*

Si marcaste todos estos síntomas, ¡tranquilo! Yo tenía todos esos y muchos más. Pronto me pude identificar con el escritor del libro de Eclesiastés en la Biblia, cuando escribió: «...*viven toda la vida bajo una carga pesada; con enojo, frustración y desánimo*». (Ec. 5:17) Así me sentía yo.

Los temores infundados

En el capítulo anterior vimos **«Cómo vencer las figuraciones»**, la cual es la primera definición de la palabra aprensión. En este capítulo estudiaremos la segunda definición: **Los temores infundados.**

Los temores infundados son miedos o preocupaciones que no tienen una base lógica o real, es decir, son irracionales con relación al peligro percibido. Estos temores pueden estar basados en creencias erróneas o falta de información, provocando ansiedad o inquietud sin una razón justificada o real. El problema con este tipo de comportamiento es que estos temores puede ir en aumento en intensidad y cada día convertirse en fortalezas impenetrables, desviándonos a estados emocionales de caos y preocupación. Los has repetido en tu mente por años y años y para ti son una verdad firme.

Tu cerebro tiene la capacidad de separar las cosas que te preocupan. Te pondré un ejemplo: imagina por un momento que estás en África y te encuentras cara a cara con un león furioso. Seguramente saldrás huyendo con todas tus fuerzas, usando tu adrenalina al máximo. ¿Pero qué pasaría si ves al mismo león detrás de una reja en un zoológico? Tu cuerpo, en vez de sentir ganas de huir, genera alegría al ver semejante animal majestuoso; en lugar de correr, lo disfrutas. Hay que aprender cuándo debemos huir en situaciones reales y cuándo debemos disfrutar el momento, y muchas veces confundimos este principio. Vivimos estresados por situaciones que no son un peligro.

El problema empieza cuando te llevas al león furioso contigo para todas partes. Todo el tiempo te sentirás asustado, estresado y amenazado. Lo llevas al trabajo, de vacaciones, de día de campo, aunque en realidad no hay nada persiguiéndote. Le cuentas a otros acerca del león que **«te persigue»**, pero la gente no lo puede ver. Así funcionan los temores infundados:

sientes que alguien te está persiguiendo y no es así. Sientes que algo malo va a pasar y todo el tiempo vives estresado. Piensas que te vas a enfermar y cualquier dolor te hace ir al médico una vez más, y cuando el doctor te dice que no tienes nada; te enojas y sales decepcionado del consultorio médico diciendo que el doctor no sabe nada y que es un insensible.

Otro ejemplo

Supongamos que tienes un empleo en una empresa muy grande con cinco mil empleados, has estado ahí por algunos años. Tu jefe está muy contento con tu trabajo y has sacado algunos premios que te hacen sentirte seguro. Una mañana, mientras convives con tus compañeros, escuchas que la empresa está pasando por problemas financieros. Te pones nervioso y empiezas a pensar en todos los gastos que tienes al mes y en el caos que provocaría un posible despido. Empiezas a maquinar algunos temores y la mente empieza a llenarse de preocupaciones.

A medio día llega un correo electrónico a tu bandeja de entrada. En el asunto dice: «*URGENTE*». Tardas algunos minutos en abrirlo, pensando en lo peor de lo peor. En la descripción del correo aparece la frase: «*Favor de presentarse inmediatamente en la oficina de Recursos Humanos*». Comienzas a sudar, tu corazón late al mil por hora, tus manos tiemblan. De tu oficina a la oficina de Recursos Humanos son cinco minutos caminando. Será la caminata más larga de tu vida y la más estresante. Luchas con tus pensamientos y te dices: «*Siempre he hecho bien las cosas en el trabajo*», mientras otros pensamientos secuestran tu seguridad, trayendo duda y ansiedad.

Tocas a la puerta del gerente, queriendo que no abra jamás. Te recibe con un saludo formal y te hace pasar.

—Adelante, pase usted —te dice con cierto humor seco.

Mientras estás imaginando toda clase de temor infundado...la persona que te recibe, te dice:

—Estimado señor, hemos seguido muy de cerca su desarrollo laboral en esta empresa y hemos tomado una decisión.

¿Qué pensarias tú?

Seguro pensaríamos en toda clase de asuntos catastróficos. Tu mente está vagando, alcanzando las más terribles visiones a cerca de un futuro que no pinta nada bien.

Cuando de repente te da la mano y te dice con una sonrisa:

—Usted es muy valioso para esta empresa y hemos decidido darle un ascenso de puesto y de sueldo. ¡Gracias por su impecable labor!.

Normalmente, sin darnos cuenta, gastamos mucho tiempo pensando en todo lo malo que nos va a suceder y muchos de esos pensamientos no sucederán, trayendo solo ansiedad. Me di cuenta de que cuando una persona está pasando por una tristeza profunda o una depresión, todos sus pensamientos terminan en derrota. Sus temores infundados están llenos de desastres.

TODOS TUS PROBLEMAS EMOCIONALES GIRAN ALREDEDOR DE TUS TEMORES

Cuando estaba en medio de mi problema me di cuenta que todas mis tormentas emocionales giraban alrededor de lo mismo. Eran mis temores los que estaban haciéndome sentir mal ante la vida. Rápidamente hice un diagnóstico de mi situación, y me animé a tomar el camino oscuro de los temores —a investigarlos a fondo— y los resultados fueron asombrosos. Mis ojos se abrieron, llenos de sorpresa, ante la oportunidad que tenía por delante. No fue fácil escarbar en mi mente confundida, pero al final fue muy interesante lo que estaba a punto de descubrir.

¿Quién, cuándo, dónde y cómo?

En el algún momento de tu vida alguien te dijo que pasar por debajo de una escalera era de mala suerte, o romper un espejo o pasarte el salero en la mano o ver un gato negro. Poco a poco el temor avanza sin preguntarte. Cuando menos te das cuenta evitas a una escalera o te preocupas si se te rompe el espejo o si ves un gato negro. Trata de contestar estas preguntas:

1. ¿Quién te dijo que eran de mala suerte?
2. ¿Cuándo te lo dijeron?
3. ¿Dónde te lo dijeron?
4. ¿Cómo te lo dijeron?

Si eres como la mayoría de las personas que toman nuestros talleres, tal vez contestarás que no recuerdas quien te lo dijo, mucho menos en dónde, ni cuándo, ni cómo. Entonces vamos por la vida con temores que no tienen fundamentos, pero los damos como un hecho. Cuando la gente nos pregunta por qué tienes tal o cual temor, la mayoría de nosotros contestamos: «No sé». Y ese «no sé», ha marcado el destino de tu vida sin que tú te dieras cuenta.

Este es el gran secreto de este capítulo. Estoy a punto de descubrirte lo que está detrás de tu «no sé». Has caminado con temores heredados de tu familia, amigos y compañeros. No son tuyos, aunque muchos de ellos los traes desde pequeño y los has alimentado tanto que ya los hiciste tuyos y no te has dado ni cuenta de que gobiernan tus acciones y tus palabras. Los temores infundados se notan en tus conversaciones.

El descubrimiento

Por eso, cuando estaba tratando con mi mente agotada, llegar a entender este principio fue una verdadera joya lista para ser pulida y trabajada. Tuve la seguridad de que estaba a punto de hacer un descubrimiento importante que cambiaría el destino de mi vida y eso me animó a seguir adelante.

Sin recordar exactamente cómo fue, me llegó una encuesta acerca de los temores más recurrentes de las personas. Fue en ese momento que me di cuenta de que iba por el camino correcto. Los investigadores hacían estas tres preguntas a los encuestados:

1. **¿Cuál es el temor número uno de los hombres?**
2. **¿Cuál es el temor número uno de las mujeres?**
3. **¿Cuál es el temor número uno de la humanidad?**

Lo que descubrí fue abrumador. Con lo que estoy a punto de decirte voy a desenmascarar al monstruo horrible que te ha estado arruinando la vida. **Solo con este descubrimiento vas a dar pasos agigantados hacia tu libertad.** Por eso en el capítulo uno te dejé la tarea de escribir tus tres temores más fuertes, porque estamos listos para descubrir al verdugo cruel que te mantiene angustiado y tú no lo sabías.

Estos son los resultados. Solo me gustaría comentarte que esta es una encuesta que se hizo con muchas personas de diferentes países y de todas las edades, que para mí, es muy cercana a la realidad. Cada vez que tengo la oportunidad de dar el taller de **«Renueva tu mente»** lo compruebo una y otra vez.

Antes de ver los resultados de la encuesta te cuento que durante el desarrollo del taller, justo antes de nuestro primer receso para el café, les reparto a los asistentes una pequeña hoja en blanco y les pido que escriban sus tres mayores temores. Durante el descanso mi esposa y yo solemos revisarlos para darnos cuenta lo que está pasando por la mente de nuestra audiencia, solo para comprobar una y otra vez que los resultados de la encuesta son verdad. Han pasado más de veinte años y seguimos comprobándolo.

Por favor léelo despacio, los resultados dicen que:

- Para los hombres en todo el mundo, el temor número uno es el **fracaso**.
- Para las mujeres de todas las edades y nacionalidades, el temor número uno es la **soledad**.
- Para las personas en general, el temor número uno es **la muerte**.

No tienes idea de lo que esto me abrió los ojos. Todos mis problemas emocionales giraban alrededor de fracaso, soledad y muerte. Todas mis ansiedades giraban alrededor de fracaso, soledad y muerte. Todo ese deseo de morir era causado por el fracaso, la soledad y la muerte. Cuando llego a esta parte del curso muchos se llevan la mano a la cabeza tratando de asimilar lo que acabo de decir. En esta parte del taller muchos son libres, porque los temores son tan invisibles que se entrelazan con nuestras palabras y son muy difíciles de atrapar. Y lo que acabo de hacer es quitarles el velo que los esconde.

He leído mucho a cerca de los temores; unos dicen que te paralizan en la vida, otros dicen que te mantienen sin valor. Yo descubrí que eso que dicen los expertos es verdad, pero los temores son mucho más que eso. Destruyen tu vida, tu valor, tu destino, tu futuro, tus relaciones, tu estima, tus metas y todo eso junto. No leas este principio a la ligera; estás a punto de encontrar un camino decisivo hacia la libertad.

Cuando leemos los papelitos llenos de temores encontramos todo tipo de combinaciones, desde quedar paralítico, ahogarse, no despertar en las mañanas, puentes que se quiebran, ascensores que se caen, perder a un familiar… y así sigue nuestra lista. Aparece una colección muy variada de temores, pero los que siempre se abren camino para tomar su lugar en la lista son el fracaso, la soledad y la muerte. Créeme que sin falta. Son incansables e insaciables. Son crueles y despiadados. Sin misericordia aparecen en la mañana, nos acompañan durante el día y no descansan en la noche hasta hacerte quedar agotado. No tienen piedad de ti, por más que llores, y les encanta verte deprimido, cansado y triste.

Para los que el fracaso es el temor número uno

Cuando nos dejamos llevar por el temor al fracaso no hay dinero, trabajo, o empresa que nos sacie. Todo el tiempo estamos influenciados por él, de tal manera que no podemos tener un día de descanso, mucho menos irnos de vacaciones o invertir tiempo en uno mismo o en la familia. Siempre estamos ocupados alimentando al monstruo insaciable llamado fracaso, quedando fatigados, sin poder encontrar la llave de la cárcel que abre la puerta hacia la libertad.

El fracaso no se vence con dinero y poder, sino con una actitud de agradecimiento a Dios por todo lo que nos ha dado, cuando aprendes a valorar lo poco o lo mucho que tienes. En verdad no nos ha faltado nada, y aunque hemos pasado por escasez y dificultad, hemos comprobado una y otra vez la fidelidad de Dios.

El temor al fracaso se alimenta cuando:
- **Nos comparamos** con personas más exitosas que nosotros, las cuales siempre habrá. Compararse con los logros de otras personas puede alimentar el miedo al

fracaso. Te recomiendo que empieces a alegrarte con el éxito de los demás y verás cómo la comparación cae.
- **Tener expectativas irreales** demasiado altas de uno mismo puede generar una presión excesiva, lo que incrementa el miedo a fracasar. Baja tus expectativas y disfruta el día, hay cosas más valiosas que el dinero.
- **Nos atoramos en experiencias pasadas negativas.** Si has experimentado fracasos en el pasado y no has podido superarlos emocionalmente, es más probable que desarrolles un temor persistente a volver a fallar. Es diferente pasar por un fracaso que ser un fracasado. **Tú no eres un fracasado.**
- **Damos lugar a una autocrítica insana.** Las críticas de nuestro diálogo interno pueden quebrar la confianza y crear un ciclo de duda y miedo. El perfeccionismo juega un papel importante aquí, ya que las personas que buscan la perfección a menudo temen no ser suficientes. Si el fracaso no tiene misericordia de ti, tú si puedes tratarte bien y tenerte paciencia.

Para los que la soledad es el temor número uno

Te prometo que he visto correr lágrimas por las mejillas de las personas cuando escuchan que el temor número uno de las mujeres es la soledad. No sabían que soledad las estaba atormentado de esa manera. Hoy en día hay más de siete mil millones de personas en el planeta, y con todo, las mujeres se sentirán solas. Puedes estar rodeada de personas que te aman, pero la soledad no se sacia. Amaneces cada mañana con la amargura que la soledad provoca. Se despiden tus seres queridos para ir al trabajo o a la escuela y la soledad comienza a susurrarte en el oído que no regresarán a casa, que algo les va a pasar, que te vas a quedar sola otra vez.

La soledad no se vence con personas a tu alrededor, sino con la seguridad de que Dios está contigo y que él prometió nunca dejarte ni abandonarte. Cuando te llenes de las promesas de Dios que encontramos en la Biblia, experimentarás gozo, como la historia de la mujer samaritana, llena de soledad y vacío; había tenido cinco maridos y con el que estaba ahora ni siquiera lo era. Hasta que llegó Jesús a su vida. Él le dio agua que sacia, vida que llena, presencia de Dios que sana. Entonces, cuando ella experimentó el poder de Dios, salió corriendo a decirle a toda su comunidad lo que había pasado. Así es cuando encuentras en Dios tu llenura.

El temor a la soledad se alimenta cuando:
- **Vivimos experiencias de abandono y rechazo.**

Si una persona ha experimentado abandono, rechazo o rupturas significativas en el pasado, es más probable que desarrolle un miedo intenso a la soledad. Estas experiencias pueden dejar cicatrices emocionales, haciéndote temer que se repitan. Lo mejor que puedes hacer es perdonar. Haz una lista de las personas que te han dañado, perdónalas y bendícelas. Eso es liberador, créeme.

- **Desarrollamos una baja autoestima.** Las personas con baja autoestima a menudo piensan que no son dignas de amor o compañía. Esta creencia puede hacer que teman estar solas, porque refuerza su percepción de que su valor no es suficiente.

- **Tenemos dependencia emocional.** Aquellas mujeres que dependen emocionalmente de otra para sentirse completas o seguras pueden temer a la soledad porque no se sienten capaces de enfrentar la vida sin apoyo constante. Esto puede llevarte a evitar la soledad a cualquier costo.

- **Existe presión social.** En muchas sociedades se valora la compañía y las relaciones, mientras que la soledad es vista negativamente. Las personas pueden temer quedarse solas porque creen que eso indica un fracaso en cumplir las expectativas sociales.
- **Nos aislamos.** El aislamiento social prolongado puede intensificar el temor a la soledad. Si una persona ya ha pasado por un período de aislamiento puede temer volver a experimentarlo. Esto es bastante común en las personas con depresión. Lo que tienes que hacer es forzarte a salir, decidirlo, aunque te cueste mucho.

VENZAMOS LOS TEMORES INFUNDADOS

«Cuando empecé a quitarme los temores, literalmente volví a la vida».

No tienes idea de la compasión que me da cuando veo que alguien escribe en su papelito que sus tres mayores temores son la soledad, el fracaso y la muerte. Estoy seguro de que esa persona no la está pasando nada bien. Tal vez tú eres uno de esos, pasas de estar preocupado por tu trabajo a preocuparte por quedarte solo, y entonces pasas a imaginar que lo mejor que te puede pasar en la vida es estar muerto. Has vivido con una serie de temores que han llenado tu vida de angustia. ¡Tranquilo! Trataré con todo mi corazón de ayudarte.

Vencer los temores infundados requiere un nuevo enfoque y un trabajo consciente. Aquí te dejo algunos pasos importantes:

1. Identifica tus temores.
Lo primero es reconocer y nombrar el temor. Ya mencioné los tres temores más recurrentes de las personas. Tal vez

dices: «*Esos no son los míos*». Te entiendo. Ahora escribe los tuyos y sentirás un alivio esperanzador. A veces simplemente identificarlos y entender que no tienen fundamento es un gran paso.

2. Cuestiona tus pensamientos.
Examina la lógica de tu temor. Pregúntate si realmente hay evidencia que respalde ese miedo o si es una interpretación exagerada. Imagina que tienes un gran colador de pensamientos. Aprende a filtrar los que son verdaderos y deja a un lado los que no lo son. Poco a poco aprenderás a hacerlo de manera automática. Esto traerá mucho alivio a tu alma.

3. Enfréntalo poco a poco.
Enfrentar el miedo en pequeñas dosis puede ayudarte. Este enfoque de exposición gradual permite que el cuerpo y la mente se adapten al miedo sin sentirse abrumados. Inténtalo, es muy liberador.

4. Usa técnicas de relajación.
Practicar el ejercicio, la respiración profunda y la relajación muscular pueden reducir la ansiedad asociada con los temores infundados. Seguro pensarás que no vale la pena hacer esto y me imagino que no tendrás ganas de practicarlo. Inténtalo una vez, y luego otra, y paulatinamente sentirás mejoría y una nueva seguridad en tu interior.

5. Busca apoyo.
Hablar con alguien de confianza. Un amigo o un mentor puede ayudarte a obtener una perspectiva objetiva de los temores. Nos ayuda a cambiar de foco y hace que pensemos en otra cosa.

6. Reforzar experiencias positivas.
Enfócate en las veces que enfrentaste tus miedos y las cosas salieron bien. Ve al archivo de tu memoria y piensa en momentos felices de tu vida. Este tipo de refuerzos positivos pueden debilitar el impacto de los temores infundados con el tiempo.

7. Meditación basada en la Biblia.

«En el día que temo, yo en ti confío».
Salmo 56:3

Encuentra un momento durante el día para buscar el consejo de la Biblia, en la cual encontrarás tantos ejemplos de personas de carne y hueso, como tú y como yo, que se declararon débiles; pero que fueron ayudadas por el Dios Todopoderoso, cambiando sus vidas para siempre.

PARA REFLEXIONAR
Cuando empieces a quitarte de encima los temores, literalmente vas a vivir.

- *Escribe en tu diario lo que descubriste en este capítulo.*
- *¿Cómo te ayudó saber que todos tus problemas emocionales giran alrededor de tus temores?*
- *Escribe Sofonías 3:17 y el Salmo 56:3 en tu diario.*
- *Cuéntale a alguien lo que estás aprendiendo en este libro.*
- *Despídete de tus tres mayores temores para siempre y sé libre.*

CAPÍTULO 6

Cómo vencer los teatros mentales falsos

Una respuesta incómoda

Normalmente vamos a visitar a mi mamá una vez a la semana. Aprovechamos para que nuestros hijos convivan con su abuela y tengan un tiempo para platicar, comer y jugar con ella. Una semana de esas decidimos salir a comer al pequeño y acogedor restaurante que tanto le gusta. Cuando regresábamos para dejarla en su casa, unas pocas calles antes de llegar, le dije a mi mamá en son de broma:

—¡Ay, madre, tú ni me quieres!

Sorpresivamente se puso muy seria y comenzó a contarme algo que jamás imaginé que llevaba cargando en su corazón.

—Cuando me embaracé de ti yo no te quería —me confesó con tristeza.

Era el tiempo de quedarme callado y escucharla. Ella siguió hablando.

—Estaba pasando un tiempo muy difícil con tu papá y cuando quedé embaraza de ti, me arrepentí tanto, que pensé que había sido un gran error. Llorando, desesperada, traté de encontrar consuelo en mi comadre que vivía enfrente.

RENUEVATUMENTE | 69

Cuando yo estaba platicándole, ella me sugirió ir con una yerbera que tenía un té para abortar, asegurándome que no habría ningún problema. Acordamos un día y una hora para ir a visitarla y fuimos sin falta. Cuando llegamos siguió narrando mi mamá— estuvimos tocando y tocando a la puerta, pero nunca abrió; la yerbera no se encontraba en su domicilio. Esa tarde regresamos a casa y de algún modo logré acomodar mi corazón —concluyó mi mamá.

Cuando me estaba contando la historia de mi frágil vida dentro de su vientre quedé conmocionado, y aunque insistía en cuánto me amaba y le daba gracias a Dios por mi vida, lo que ella hizo sin darse cuenta fue marcar mi vida para siempre. Muchas cosas me quedaron claras esa tarde.

Había quedado marcado por el rechazo **«involuntario»** de mi madre desesperada y había sido afectado mi desarrollo emocional. El miedo al rechazo es uno de los temores con los que más he luchado. Hasta que escuché la historia de mi mamá entendí la razón.

¡Cuántas situaciones venimos arrastrando desde pequeños que influyen en nuestra vida diaria, familiar y laboral! Entre más conscientes nos volvemos de nuestro comportamiento, más rápido podemos hacer ajustes para nuestro bien y el de las personas que están alrededor de nosotros y nos aman.

Un pequeño resumen

En los dos capítulos anteriores pudimos avanzar en las primeras dos definiciones de la palabra **«aprensión»**:

1. **Figuraciones.**
2. **Temores infundados.**

Ahora nos toca ver la última definición:

3. **Teatros mentales falsos.**

En un momento de lucidez, leyendo ese pequeño diccionario, por primera vez en años puse en duda mis pensamientos. Yo no sabía que se podía hacer eso. Mis pensamientos se entretejían con mis emociones y sentimientos creando una mortífera telaraña interior. Estaba seguro de que todo lo que pasaba por mi mente era verdad. Cuando vi que el diccionario decía: «**teatros mentales falsos**» aprendí que mi mente tiene la capacidad para crear toda una novela mental falsa. Dentro de mí me pregunté: ¿Cuáles son los elementos básicos en una obra de teatro?

- **Actores**
- **Vestuario**
- **Diálogos**
- **Escenografía**

Seguí reflexionando en este asunto, y pude descubrir que la mente puede fabricar una obra de teatro y literalmente tiene la habilidad de crear actores reales o irreales, vestuarios, diálogos y fabricar una escenografía ambientada detallada. Y esto abriría el camino hacia mi libertad.

¿QUÉ SIGNIFICA LA EXPRESIÓN «TEATRO MENTAL FALSO»?

Se refiere a la creación de escenarios o situaciones imaginarias que una persona construye en su mente, pero que no reflejan la realidad. Este tipo de «**teatro**» mental puede ser un mecanismo de defensa o una forma de autoengaño a través del cual una persona inventa historias, conflictos, diálogos o conversaciones internas para justificar ciertos comportamientos o evitar verdades difíciles.

Este tipo de pensamiento puede surgir, por ejemplo, cuando alguien anticipa resultados negativos sin evidencia clara o cuando crea historias sobre lo que piensan los demás sin tener base en la realidad.

¿Algún día has gastado tu valioso tiempo en pensar lo que otros piensan que tu piensas que todos piensan? Me imagino que sí, ¿verdad? No te lleva a nada, solo a preocuparte.

Mi teatro mental falso número uno

Me gustaría confesarte mi teatro mental falso más usado en medio de la depresión. Cada vez que mi mente quería escapar de cualquier situación difícil, mi mente pasaba horas y horas y horas pensando en un féretro; me veía muerto, con un traje negro y mis brazos entrelazados sobre el pecho. Podía ver como mi familia y amigos pasaban desfilando frente a mí, y sin variar, todos expresaban: «*Era un buen hombre*».

Para que puedas comprender el poder de la mente para hacer teatros mentales falsos analicemos el mío:

1. **Actores.** En mi mente aparecían varios actores: yo, como actor principal de esta historia de muerte; mi familia y mis amigos, que hacían una larga fila, uno tras otro. Uno por uno pasaban para verme con compasión. Yo podía hasta interpretar sus miradas en esta novela falsa. Crear teatros mentales falsos te lleva a un pozo sin fondo, porque nunca vas a comprobar lo que las otras personas están diciendo porque no hay manera de hacerlo, ya que todo está en tu mente.

2. **Vestuario.** Mi mente pudo imaginar toda clase de vestuarios: en mi historia estaba vestido con un traje color negro con una corbata negra y camisa blanca. Y todos los que estaban ahí vestían de color oscuro.

3. **Diálogo.** También la mente puede generar toda clase de diálogos entre los diferentes actores imaginarios: en este caso, para poder descansar del rechazo que mi alma sentía, yo me inventé la frase: «*Era un buen hombre*», para tratar de calmar el vacío de mi interior. Esa frase de

aceptación al principio me proporcionó cierta alegría o liberación, pero después se convirtió en una víbora llena de veneno mortal.

4. **Escenografía.** La mente tiene un archivo extenso de muebles, decoraciones, accesorios y de escenografía. Yo pensaba en un féretro café con un cristal, flores y material de funeraria con cirios largos a los lados. Realmente nuestra mente es muy creativa, pero muchas veces la usamos para autodestruirnos.

Estoy tratando de ser sincero contigo y abrir mi corazón porque quiero que aprendas de mis errores. Lo repetí tanto en mi mente que mi cuerpo lo interpretaba como una verdad, como si estuviera ocurriendo en realidad. Al principio pensar en mi propia muerte me traía cierta felicidad, porque me sentía aceptado y amado. *Pero cuando me di cuenta del daño que me estaba haciendo, quise salir del féretro, pero ya era muy tarde, ya no pude. Entonces me convertí en un muerto viviente.*

Cuando empiezas a crear teatros mentales falsos de soledad, tu cerebro tiene la capacidad de ver el automóvil de tu pariente que acaba de salir de casa, accidentado; a tu familiar, tirado en la calle sangrando, e imaginar toda una vida de soledad. Tomas tu teléfono y le hablas desesperado a tu familiar para ver en qué hospital está y resulta que se encuentra en su oficina trabajando. No hubo ninguna colisión, nadie muriendo, nada de sangre, pero tu mente ya creó todo una novela mental y terminas preocupado —haciendo que tu cortisol aumente sin control— y emocionalmente frágil. Lo que acaba de hacer tu mente es un teatro mental falso.

Cuando tu mente empieza a fabricar novelas falsas de fracaso, te ves a ti mismo llorando, en quiebra, sin trabajo, sin poder pagar, en la cárcel, y fabricas toda una historia de derrota, haciéndote entrar en depresión, cuando ni siquiera ha sucedido nada de eso. Tu mente saca actores de sus archivos:

ves a tu familia en crisis, inventas diálogos con tu familia de gritos desesperados por la situación, te ves en un escenario que tu mente sacó de los recuerdos de algún lugar donde te rechazaron. Juntas todas estos ingredientes y ¡boom!, dentro de ti explota una serie de emociones de derrota y confusión. Lo que acaba de hacer tu mente es un teatro mental falso que parece muy real.

Por favor, ¡tranquilo! Te digo que todos hacemos teatros mentales, pero estoy completamente seguro y puedo casi adivinar que quienes estamos pasando por depresión y crisis de ansiedad estamos haciendo teatros mentales catastróficos llenos de muerte, soledad y fracaso. En tu mente ya no hay solución, aunque sí la hay en la realidad. En tu mente solo ves abandono y rechazo; no le das un respiro a tu mente agotada y cerraste con tres candados la creatividad para una posible solución... y tiraste la llave.

Me di cuenta que cuando alguien dice: *«Tengo una corazonada de que algo malo va a pasar»*, lo que en realidad tuvo fue un teatro mental falso. Descubrir que toda la historia de mi féretro era algo que yo había inventado fue liberador y esperanzador. Aunque no fue inmediato. La verdad es que fue un proceso difícil, pero poco a poco pude salir del ataúd que yo mismo había fabricado.

¿Cuántos teatros mentales falsos ha fabricado tu mente? ¿cuánto tiempo has pasado ahí?

Créeme que estoy llorando cuando estoy escribiendo estas líneas. Es horrible el solo pensar que los teatros mentales falsos pueden tenerte atrapado. Has estado en esa cárcel cruel por años, como en un laberinto sin salida. Entonces, sin darte cuenta, pasas de una figuración de derrota a un temor infundado de soledad y terminas con teatros mentales falsos de muerte. Por eso aparecen las ganas de morir, porque en tu mente ya no hay una salida.

Me di cuenta que la palabra «aprensión» tenía mucho que ver en el proceso de recuperación.

Pero para eso pasé por todo este embrollo emocional, para decirte lo que te está pasando y hacerte consciente de todo esto, para que puedas estar atento de todo lo que tu mente puede estar fabricando. Pero de hoy en adelante pondremos un gran filtro y tendremos más cuidado de escoger nuestros pensamientos. Pensamientos que nos lleven hacía nuestro bienestar. **Tranquilo, vas a estar bien.**

La llamada con Hugo

Recuerdo que era un viernes cuando un amigo me buscó con cierta desesperación ese día. *«Me superurge hablar contigo»*, decía el mensaje en mi celular.

Él había tratado de ayudar a un vecino que estaba pasando por depresión y deseos de morir. Cuando me marcó al celular, ya había hecho todo lo posible por ayudarlo sin poder tener resultados positivos. Su vecino caía más profundo cada día y los dos ya estaban desesperados. Uno, porque quería salir de ese estado, y el otro, porque de plano no podía ayudarlo. Había tratado de escucharlo, pero no tenía las herramientas para sacarlo adelante.

Con mucho gusto acepté hablar con Hugo. Por alguna razón, en esta ocasión, me sentía con cierta seguridad de poderle ayudar. Agendamos una cita y tuve la oportunidad de establecer una llamada con él.

—Hola, Hugo, soy Sergio Moncada. ¿Cómo estás?

Por algunos minutos solo escuché sollozos del otro lado del teléfono. Hugo no podía dejar de llorar. Las únicas palabras que balbuceaba eran sus deseos de morir. Yo simplemente esperé a que se recuperara un poco para poder platicar con él y tratar de ayudarle.

—Tranquilo, Hugo, no te preocupes. No hay prisa —respondí.

Hugo estaba pasando por una situación compleja de separación y divorcio que involucraba muchas decisiones difíciles que incluían a su único hijo. Para cuando tuvimos la oportunidad de hablar, él ya estaba muy desgastado emocionalmente y no veía cómo podía encontrar descanso en el proceso que estaba viviendo.

Su mente le decía todo el tiempo que alejarían a su hijo de él y eso le causaba un dolor enorme, generando toda clase de teatros mentales falsos de que no volvería a verlo o que su hijo moriría en el abandono de su madre adicta. Y como él veía a su hijo muerto, él también quería morirse, entrando así en un cuadro depresivo con suicidio incluido.

Lo escuché atentamente y al hacerlo, yo ya sabía hacia donde se estaba dirigiendo y cómo podría ayudarlo. No hablamos mucho ese día. Traté de calmarlo y le dejé como tarea revisar el material del taller a partir del cual surgió este libro. Le pedí que cuando terminara la introducción se pusiera en contacto conmigo nuevamente para volver a charlar por teléfono, y así fue. Él revisaba las partes del material y entonces hablábamos. Y así fuimos poco a poco avanzando con paso firme. La información que estás recibiendo en este libro empezó a ser una bendición para él, y no pasó mucho tiempo antes de que se sintiera identificado con un capítulo tras otro.

Cuando llegó al capítulo de los teatros mentales falsos, eso fue una tremenda revelación para él. Literalmente su visión de la realidad cambió por completo. Hugo estaba haciendo una combinación letal: **situación real difícil + temor a la soledad + teatros mentales falsos de muerte = desesperación y deseos de morir.**

Ese día él me dijo con asombro:
—Entonces, estoy preocupado por cosas que ni siquiera han sucedido...
—Así es —le respondí—. **Ya tienes un situación real difícil que tienes que enfrentar.** No le agregues más sufrimiento al imaginar las cosas que ni siquiera han pasado —continué.

Lo que pasó con Hugo fue increíble. Entendió rápidamente que podía separar la situación real de lo que podía llegar a imaginar que sucedería con su hijo. Aunque iba a ser un proceso largo y cruel, tuve la oportunidad de acompañarlo. Él detuvo sus teatros mentales falsos acerca del futuro de su hijo e hizo frente a la situación de una manera distinta.

Su deseo de morir se desvaneció de una manera milagrosa y los momentos de tristeza acompañados de llanto empezaron a estar cada vez más espaciados. Hugo había encontrado a Dios en medio de su proceso desgastante y pudo tomarse de la esperanza que la Biblia ofrece.

Casi al final de su proceso difícil, recibí en mi celular una llamada de Hugo. Al otro lado del teléfono pude escuchar a un Hugo muy diferente, ya no era ese hombre lleno de llanto y dolor, ahora oía a un hombre con esperanza.

— Pastor Sergio —me dijo con una voz feliz—, el juez me ha dado el derecho de tener a mi hijo en casa.

Nos alegramos juntos, y después de recordar cómo empezó esta triste historia y de ver cómo fui testigo una vez más de cómo estos principios pueden ayudar a la gente, sigo muy agradecido con Dios, y estoy sensible, esperando al siguiente Hugo a quien pueda ayudar.

Cómo vencer los teatros mentales falsos

Dejar de fabricar teatros mentales falsos implica reducir los pensamientos negativos, suposiciones o escenarios imaginarios que pueden no estar basados en la realidad. Aquí te dejo algunos pasos que podrán ayudarte:

1. Conciencia del pensamiento.
El primer paso es notar cuando estás creando un escenario mental irreal. Practica la autoconciencia y observa tus pensamientos sin juzgarlos. Pregúntate si lo que estás pensando es un hecho real o una suposición.

2. Cuestionar la realidad de los pensamientos.
Cuando detectes que estás creando un teatro mental falso, pregúntate: «¿Esto está realmente sucediendo o es solo mi mente generando miedo o preocupación?». Es muy importante aprender a reconocer la diferencia entre lo que es real y lo que es imaginario.

3. Practica el pensamiento racional.
Reemplaza los escenarios catastróficos o irreales con una evaluación más lógica y objetiva de la situación. Pregúntate: **«¿Qué es lo peor que puede ocurrir en esta situación?»**, o **«¿Qué es lo más probable que ocurra?»**.

4. Vivir en el presente.
Muchos de estos escenarios surgen cuando no estás presente. Practica la atención plena, esto te puede ayudar a centrarte en el aquí y el ahora, en lugar de preocuparte por cosas que podrían no suceder.

5. Acepta la incertidumbre.
Parte del origen de estos **«teatros»** es el miedo a lo desconocido.

Aceptar que no podemos controlar o predecir el futuro puede disminuir la necesidad de crear escenarios mentales falsos.

6. Aférrate a las promesas de Dios.

Te quiero compartir una pequeña dinámica que le llamo: **«Mi mente me está diciendo…»**. Para hacerme consciente de los teatros mentales falsos, hago un análisis de mis pensamientos y concluyo hacia dónde quiere llevarme la mente. Entonces me digo: **«Mi mente me está diciendo que renuncie…»**, o **«Mi mente me está diciendo que no voy a completar con el dinero…»**, o **«Mi mente me está diciendo que no soy suficientemente bueno…»**. Lo que hago es volverme consciente de lo que mi mente está tratando de fabricar e inmediatamente detengo posibles teatros mentales falsos, y confronto cada pensamiento negativo con una promesa de Dios que he descubierto en mi Biblia.

Más o menos así:

- Si mi mente me dice que renuncié a algo… en la Biblia puedo encontrar un versículo que dice que Dios me ayudará en los desafíos que enfrento.
- Si mi mente me dice que no voy a completar con el dinero, pongo en mi mente promesas de provisión y le creo más a Dios que a mis pensamientos.
- Si mi mente trata de fabricar teatros mentales falsos de que no soy suficientemente bueno para algo, inmediatamente voy a la Biblia y encuentro promesas de que Dios me hace fuerte y que puedo contar con su presencia en todo momento.

Para reflexionar

No tienes idea lo que estos tres capítulos hicieron en mi vida. Cuando aprendí lo que significaba la palabra «aprensión» pude comenzar a trabajar en las consecuencias que las figuraciones, los temores infundados y los teatros mentales falsos me hacían vivir.

Te aseguro que mi mente empezó el proceso de sanidad y restauración. Mi anhelo es que transites una vez más en el camino de la vida, que vuelvas a sonreír, que regrese el brillo de tus ojos y que vuelva la esperanza a tu corazón. Practica los principios que hasta aquí hemos visto y levántate una vez más en el nombre de Jesús. ¡Vas a estar bien!

> **«No obstante, aún me atrevo a tener esperanza cuando recuerdo lo siguiente: ¡El fiel amor del Señor nunca se acaba! Sus misericordias jamás terminan. Grande es su fidelidad; sus misericordias son nuevas cada mañana».**
> **Lamentaciones 3:21-23**

```
    Yo siempre me he sentido fea, gorda y
tonta, porque en mi niñez así me hicieron
sentir las niñas. Pero "YA NO MAS".
Siento que ya ni siquiera me afectan este
       tipo de comentarios. Gracias.
                    Osiris

   Me siento libre, ya no soy esclava. En el
   curso, el Señor hizo muchos milagros…..
     Gracias, Gracias. Mi mente ahora se
       encuentra trabajando en la verdad.
                    Gloria
```

PRINCIPIO 2

LA TRAMPA DEL DESENFOQUE DE TUS OJOS

CAPÍTULO 7:
El mecanismo que usa tu mente para fabricar teatros mentales falsos

CAPÍTULO 8:
La radiografía de una crisis de ansiedad

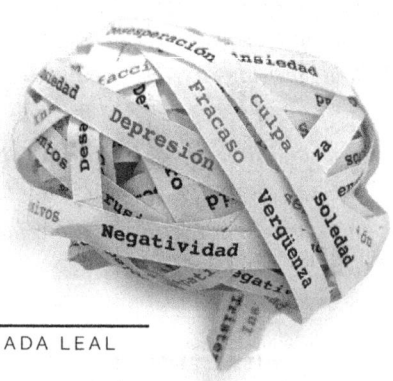

PRINCIPIO 2

La trampa del desenfoque de tus ojos

ANA PARTICIPÓ en uno de nuestros talleres. Fue tan bendecida que nos envió una carta de lo que había pasado en ella. Te la comparto:

> «*Quiero dar testimonio de todo lo que Dios me permitió vivir a través de este taller y es que verdaderamente ocurrió lo que su nombre dice... renovó mi mente.*
>
> »*Un miércoles por la noche vi la publicación en las redes sociales, verdaderamente me sentía muerta en vida, no podía más con tanto dolor y de pronto me apareció el anuncio del Taller, no dude en mandar mensaje e inscribirme.*
>
> »*Este taller me hizo ver quién es Ana, pero sobre todo, quién es Dios. Me hizo entender que durante treinta y dos años mi mente había sido la única causante de tanto dolor, opresión, angustia, pues me hacía unas películas terribles de mi vida.*
>
> »*Hoy, cada día que pasa me enfoco, soy consciente de mis pensamientos, dejo de abrir los cajones de la mente que me lastiman y procuro día con día tener abierto el cajón de las promesas de Dios. He aprendido a dar pasos pequeños pero muy importantes para mí que han cambiado mi vida.*

»*Después de años y años de sentirme mal, he vuelto a reír. Estoy haciendo ejercicio nuevamente, he puesto en práctica los consejos que nos enseñaron, compré una libreta especial donde estoy anotando las promesas que cada día Dios me da y las leo mientras hago mi caminata diaria.*

»*Este taller me enseñó a recobrar la esperanza. Cada día recordaba esa frase que nos decían tanto: "Vas a estar bien". Y gracias a Dios, pasó: he vuelto a estar bien, incluso he dejado de usar ropa negra, he vuelto a usar de colores.*

»*Infinitas gracias a todo el equipo de Renueva tu Mente. Gracias por sus enseñanzas y sus consejos. Ahora duermo temprano, cuido lo que veo y lo que escucho, y antes de dormir he dejado de llenar mi mente de basura. Hoy más que nunca me estoy llenando de la única verdad, que es Dios.*

»*Superrecomiendo este taller, porque de verdad ha transformado mi vida.*

»*Por último, llevaba años enferma de una cosa u otra y todos los meses, por alguna razón me la pasaba con medicamentos; ahora estoy feliz porque llevo un mes y medio sin medicinas, sin estar mal, sin estar enferma.*

»*Gracias por todo.*
Ana
Ciudad de México».

Para mí, recibir este tipo de mensajes llena mi corazón de alegría. Al saber que pude ayudar a Ana de esta manera se me pone la piel de gallina por la emoción. Sé que así como ella pudo hacer ajustes en su vida y sentirse bien, tú también podrás.

En este Principio 2: La trampa del desenfoque de tus ojos, vas a quedar sorprendido de lo que estoy a punto de compartir. Vas a subir el segundo escalón hacia tu libertad. Creo que este principio es el descubrimiento más valioso del proceso por el cual pasé. Aprendí el mecanismo que usa la mente para hacer figuraciones, temores infundados y sobre todo, los teatros mentales falsos. No vas a escuchar en ningún otro libro las verdades que voy a compartir en estos capítulos. No hay terapeuta o psiquiatra que lo tenga. No lo he escuchado de nadie en las redes sociales y hoy estoy listo para compartirlo contigo. Tu vida va a dar un giro inesperado. **Prepárate.**

CAPÍTULO 7

El mecanismo que usa tu mente para hacer teatros mentales falsos

ESTOY LISTO para darte uno de los mayores consejos que tengo para ti. Me costó mucho entenderlo y explicarlo. Es una verdadera bomba lo que estoy a punto de decirte. Imagina tener las herramientas que te ayudarán a salir de cuadros depresivos y crisis de ansiedad para siempre. Aquí va la clave.

Cuando una persona está con la mirada perdida, y le preguntas: **«¿En qué estás pensando?»**, por lo general las personas responden: **«En nada»**. ¿Por qué respondemos **«nada»** si siempre estamos pensando algo? Puedo decir que el cien por ciento de las personas decimos **«en nada»** porque por lo general estamos fabricando teatros mentales falsos destructivos y cuando alguien nos pregunta, sentimos vergüenza de decir todos los escenarios catastróficos que estamos construyendo. Y aquí está el meollo del asunto.

Cada vez que desenfocas tus ojos o tienes la mirada perdida, tu mente aprovecha para abrir los archivos mentales. Largos días de sufrimiento interior fueron menguando al empezar a aplicar este principio a mi mente. A veces me gusta decir que si entiendes este principio, prácticamente tienes la mitad de tu liberación, aunque sé que muchas veces estamos con la vida tan revuelta que es necesario aplicar todos los principio de este libro, pero con solo conocer este principio vas a sentir un alivio increíble. Te lo aseguro.

LA BASE DE ESTE DESCUBRIMIENTO:

«En el rostro del entendido aparece la sabiduría, más los ojos del necio vagan hasta el extremo de la tierra».
Proverbios 17:24

Salomón, el autor de los proverbios, habló de la importancia de cuidar nuestra mirada. Por un lado, se nos nota en la cara cuando tenemos sabiduría, pero también se nos nota en el rostro cuando dejamos vagar nuestra mirada hasta lo último de la tierra. Créeme, fue impresionante lo que aprendí con esto. Hay una relación directa entre la depresión y dejar vagar la mente. Permíteme seguir con este punto importante.

LA NEUROCIENCIA DESCUBRIÓ QUE...

Dejar a la mente divagar o vagabundear es llamado red neuronal por defecto. Y encontraron que:
1. Dejar vagar nuestra mente es la fuente número uno de tristeza hoy en día. ¡Wow! ¡Qué impresionante! La tristeza profunda está relacionada con la cantidad de tiempo que dejamos vagar nuestra mente.
2. El fin de semana es cuando más se activa la red neuronal por defecto. Los fines de semana la mente aprovecha para vagabundear. La pregunta es: **¿a dónde se va mi mente que no me he dado cuenta?**

Cuando yo mismo le permito a la mente ir de un lado a otro al tener la mirada perdida, activo la red neuronal por defecto ¡y esto nadie me lo había dicho! El mecanismo para que mi mente empiece a vagabundear está en el desenfoque de mis ojos.

Imagina que estoy frente a ti en este momento y te hago esta pregunta: «¿*Cuál ha sido el momento más difícil de tu vida?*», ¿qué contestarías? Toma un momento para pensarlo, haz una pausa para meditarlo.

Te explico paso a paso lo que acaba de suceder

1. Primero, escuchaste la pregunta que te hice. Pero como es una pregunta difícil de responder, tienes que ir a los archivos de tu mente, a lo profundo. Estoy muy seguro de que vas a encontrar varias opciones para responderme, y eso está bien, porque normalmente hemos pasado por varios de esos momentos durante la vida. Pero tu mente tiene que escoger uno y repasas los que más te han dolido. Esta actividad mental sucede en segundos.

2. Segundo, tu mente, para poder abrir los archivos de los recuerdos, tiene que desenfocar la mirada. Entonces lo que está a punto de suceder es que tus ojos se dirigen hacia abajo, y cuando tu mirada está hacia abajo, tu mente hace clic —como el cursor de tu computadora— en la carpeta de momentos dolorosos. Entonces, con la mirada **«perdida»** (que no está perdida) abres los cajones de los momentos difíciles de la mente y luego puedes contestarme. Si no te desenfocas no podrás contestarme.

Créeme, cada vez que dejas vagar tu mirada abres cajones. ¿Qué pasa? Que cuando estamos pasando por depresión o tristeza, normalmente abrimos los cajones de los recuerdos dolorosos. ¡Y a llorar! Y luego te preguntas: **«¿Por qué me siento así?»**. Y no sabes ni por qué.

Ahora estás en camino a responderme la pregunta que te hice. ¿Cuál momento escogiste? Estoy seguro que escogiste el que más piensas. Ese es el que más te duele. Sin saber, has desenfocado tu mirada para abrir una y otra vez el cajón de las miserias emocionales. Le has dado vuelta al dolor emocional cada vez que puedes. Cada vez que tú dices que estás pensando **«en nada»**, en realidad estás pensando en algo, pero nos da vergüenza exteriorizar las miserias internas en las que estamos pensando.

CADA VEZ QUE ME DESENFOCO TENGO DOS OPCIONES

1. Puedo construir positivamente.
Puedo usar el desenfoque de mis ojos para crear, para revisar pendientes, para pensar en qué voy a hacer al llegar a casa con mi familia. Puedo invertir tiempo en cómo mejorar lo que hago en mi trabajo, generar nuevas oportunidades para mi negocio. Pensar en posibles viajes en un futuro y soñar despierto en algún lugar de descanso. Puedo construir escenarios positivos de bienestar físico, planear salidas a la naturaleza y de ejercicio, nuevas recetas de cocina saludable... y mucho más.

2. Puedo construir negativamente.
También puedo usar el desenfoque de mis ojos para destruirme, para crear teatros mentales falsos destructivos. Y eso fue lo que a mí me sucedió. Descubrí, en mi caso, que detrás de mi mirada perdida había un mundo lleno de muerte y terror.

Me di cuenta que cada vez que yo me desenfocaba construía mi propia muerte, mi féretro, y todo eso que ya te platique en los capítulos anteriores.

Cada vez que tú te desenfocas, construyes. La pregunta es: ¿hacia dónde te vas cada vez que tienes una mirada perdida?, ¿qué estas construyendo, vida o muerte?, ¿bendición o maldición?

Si estás pasando por ciclos de ansiedad, te lo confirmo de una vez: estoy seguro que estás usando tu mirada perdida para hacerte pedazos, para abrir una y otra vez los cajones llenos de eventos dolorosos que te hicieron daño.

Descubrí que...

1. Dejar vagar mis ojos, es lo que la mente usa para abrir cajones. El problema es cuando abrimos el cajón de las miserias una y otra vez para construir teatros mentales falsos que nos llevan a la depresión y a prolongar nuestra tristeza.

2. Mantener mi enfoque en el momento, en el aquí y en el ahora, me ayudará a dejar de inventar historias que no son verdaderas. Santa Teresa de Ávila habló acerca de permitirle a la mente vagabundear y la comparó como la «**loca de la casa**», «**la agrandadora de sufrimientos**» y «**la creadora de fantasmas**».

Lugares donde se genera el desenfoque

Al estar aprendiendo de la importancia del desenfoque de mis ojos y sus consecuencias, pronto noté que había algunas actividades diarias que me empujaban al desenfoque y me gustaría contarte de ellas para que tú también tengas cuidado.

1. En la regadera.

Me di cuenta que desde temprano en la regadera, al bañarme, me perseguía el desenfoque de mis ojos. Muy de mañana fabricaba todo tipo de eventos de soledad, fracaso y muerte. ¿Te puedes imaginar hacerte pedazos desde que te levantas? ¡Qué horrible!

Lo que hice para defenderme fue imprimir una hoja con unos seis versículos de promesas bíblicas y lo mandé plastificar en la papelería de la vuelta de mi casa para poder meterlo a la regadera. Entonces comencé a vivir en la vida de Dios desde la mañana y eso fue liberador. En lugar de hacerme pedazos, empecé a construir mi vida espiritual desde la regadera. Tal vez te suene raro, pero así fue.

2. Al escuchar música.

La música es una de las causas más importantes de desenfoque. Puedes estar contento, feliz, animado, pero es cuestión de que se escuche una música triste o alguna canción que te recuerde el abandono y te vas hasta el suelo. La música tiene un rol muy importante en salir de la depresión. Es vital que empieces a cuidar la música que escuchas. Me di cuenta que había algunos cantautores mexicanos con muchas canciones llenas de tristeza.

En mi investigación personal he comprobado que la canción más triste de México es Amor eterno de Juan Gabriel. No importa en qué estado de ánimo te encuentres, llorarás con esa canción. Y te llevará al desenfoque de tus ojos para fabricar todo tipo de novelas mentales tristes pensando en todos tus familiares que han fallecido, llevándote a la tristeza involuntaria y a estados depresivos que ni siquiera buscaste.

Trata de buscar canciones que te llenen de esperanza, de valor, firmeza, que te den paz. Inténtalo y vas a ver una diferencia importante. Es urgente filtrar la música que escuchas.

3. Al ir manejando el auto o en el autobús.

Me estudié a mí mismo, ya que no hay nadie que haya investigado con amplitud este tema, y me di cuenta de que cada vez que manejaba, mi mente aprovechaba para desenfocarse y fabricar teatros falsos. Puedes cruzar toda tu ciudad o viajar por horas desenfocado. Alguna vez te has dicho cuando llegaste a algún lugar: «*¿Cómo fue que llegué? ¡Ni cuenta me di!*». Pasaste semáforos, señales de alto, les diste el paso a los peatones y no te acuerdas, porque ibas desenfocado.

Eso es cuando vas manejando, a diferencia de cuando vas sentado en el autobús cruzando tu ciudad; cuando no tienes la responsabilidad de manejar el desenfoque de tus ojos se duplica. Si haces memoria, te acordarás cuando el autobús se detuvo en algún semáforo y te percatas de que había una señora anciana en la acera y le inventas toda una vida llena de desgracias a la pobre mujer.

¿Qué hice en los traslados de un lugar a otro? Me preparé con canciones lindas en mi celular, con enseñanzas dirigidas hacia mi bienestar interior, escuché predicaciones y audios de promesas bíblicas. De hecho, hemos grabado algunos videos llenos de versículos de sanidad, restauración y victoria.

4. Especial atención en actividades que hagan que mis ojos volteen hacia abajo.

Te lo explico. Hay algunas actividades que hacen que voltees hacia abajo por un tiempo. Recuerda que voltear tus ojos hacia abajo es la señal de que le autorizas a tu mente para que abra cajones. El problema no es que abra cajones. El problema es cuando abres los cajones equivocados. Por consiguiente debo estar atento cuando lavo platos, es ahí donde puedo generar teatros mentales falsos de depresión y angustia. Cuando estoy planchando, debo de cuidarme el doble, y aunque tengo cuidado de no quemarme, es el ambiente perfecto para deprimirme.

Creo que el más peligroso de todos es el celular. Mira a tu alrededor: en la oficina, en la plaza, en la calle, en el consultorio médico, observa cómo todos tienen una postura con la cabeza hacia abajo. Listos para abrir cajones de desgracia y dolor. Es cuestión de que veas una publicación en Facebook que te lleve a compararte con otros y ¡pum!, aparece el desenfoque pensando que no sirves y eres un bueno para nada.

Lo que hago ahora es llevar conmigo libros, buscar opciones para no estar en el celular. También está la opción de escuchar audiolibros.

5. Al acostarme para dormir.

Al hablar de abrir cajones mentales a través del desenfoque de los ojos tendríamos que hablar de la hora de irnos a dormir. Si soy sincero contigo, esos momentos fueron cuando más batallé. Y he visto que es para la mayoría de la gente que está pasando por temores, las noches son terroríficas. De alguna manera, en las noches se acumulan todos al mismo tiempo.

Lo que pasa es que tenemos una inercia y una fuerza diaria que, cuando llega la noche, nuestra mente no puede parar, sigue construyendo teatros mentales; cuando nos va bien, construimos pensamientos de las cosas que hicimos bien y que nos dan alegría, pero cuando ya andamos arrastrando todo tipo de pesares, la mente sigue construyendo teatros de todas las cosas que hicimos mal. Pensamos en lo que otros piensan, en lo que sentimos y sienten los demás… lo que no debí de haber hecho y todos esos pensamientos que terminan por preocuparnos, y no descansamos.

De lo que me di cuenta es de que es por la noche que aparecen todos nuestros pensamientos obsesivos destructivos para molestarnos.

¿Qué hice?

1. Coloqué mi diario a un lado de la cama, y me mantuve sensible y listo para apuntar los pensamientos más recurrentes que me estuvieran molestando y escribirlos para atraparlos. Recuerda que entre más escribes, más libertad tendrás. Debo decirte que no

fue fácil; pero poco a poco se convirtió en una rutina saludable.
2. Leía antes de dormir. Eso cansaba mi vista y me ayudaba a dormir.
3. Ponía música instrumental relajante.
4. ¿Te acuerdas de los versículos que imprimí y que plastifiqué? Bueno, también los puse en el buró cerca de mi cama. En caso de que me levantará en la madrugaba, inmediatamente los buscaba para leerlos.

> «Es muy importante estar pendiente del desenfoque de mis ojos».

¿Cuál es el ambiente de la depresión?

El ambiente donde la depresión y los temores se hacen fuertes es en el desenfoque de tus ojos. Si dejamos de alimentar al monstruo de la depresión, dejará de lastimarnos. Si mantenemos nuestra mirada enfocada en las promesas de Dios no le daremos lugar a la construcción de teatros mentales falsos.

Hace ya un tiempo vi una película animada llamada Happy Feet, acerca de un pingüino que se sentía fuera de lugar en su familia porque él bailaba, en lugar de cantar. Por algunas razones que nos narra la película, este pingüino se va lejos de casa, conociendo a tres pequeños pingüinitos algo chistosos con acento cubano.

Ellos lo invitan a vivir aventuras dentro del mar, y en una escena, un gran tiburón blanco los persigue. El pingüino de nuestra historia nada asustado hacia la orilla, quedando a salvo. El tiburón salió unos cuantos metros del agua al perseguirlo, quedando inmóvil en la nieve del ártico. Aunque el gran pez trataba de morder al pingüino, ya no podía hacerlo.

¿Qué sucede en esta rápida historia? El tiburón puede nadar rápidamente mientras esté en su ambiente. Si lo sacamos de su ambiente no puede lastimar a nadie. Pasa lo mismo con la depresión: si la sacamos de su ambiente, no importa qué tan afilados sean sus dientes, dejará de lastimarnos. La depresión nada con gran velocidad en medio del mar del desenfoque de mis ojos. La depresión se hace fuerte en la mirada perdida, cuando escoges construir toda clase de escenarios destructivos dentro de tu mente.

«Si detienes la mirada perdida, detienes la depresión».

Si tu mente escoge construir escenarios positivos de victoria y bienestar y pones tu confianza en las promesas de Dios, te aseguro que no tendrás ni un solo segundo de depresión. No habrá llantos sin sentido ni habrá noches sin dormir pensando en todo lo malo que has hecho, sino que dormirás seguro, como un bebé recién nacido.

¿Cuánto tardaré en recuperar el enfoque de mis ojos?

Me he dado cuenta que tener una mirada perdida es una práctica muy usual en mucha gente. El tratar con personas directamente en mi oficina y ver que no pueden sostener la mirada me ayuda a comprobar este principio.

La idea es que te des cuenta de la cantidad de veces que te desenfocas durante el día construyendo pensamientos depresivos y de muerte. Mi intención no es frustrarte más, sino acompañarte hacia tu libertad. Porque después de que te hagas consciente de tu desenfoque y de cuántas veces lo utilizas, podrás ir disminuyendo la cantidad de veces que usas este recurso para lastimarte.

Cuando comencé a descubrir todo esto, créeme que empecé a sentir una gran diferencia en mi estado de ánimo, aunque te soy sincero, en ese entonces todavía estaba batallando mucho para salir de mi casa.

El estado de muerte en el que me encontraba era terrible, ya tenía dos escalones subiendo hacia mi libertad, pero faltaban otros más, todavía había mucho que descubrir. **En el Principio 3** algo se quebró en mi interior, fue cuando pude salir de mi casa por primera vez en meses. Te lo explicaré más adelante.

Recomendaciones para detener el desenfoque:

Regresar el enfoque de tus ojos requiere práctica y técnicas específicas para entrenar tu mente para estar presente. Aquí te dejo unas recomendaciones que te ayudarán a volver a la concentración consciente:

1. Enfócate en la respiración.

La respiración es una buena herramienta para regresar al momento presente. Cuando notes que te estás desenfocando, concéntrate en tu respiración. Inhala profundamente contando hasta cuatro, retén el aire durante dos segundos y exhala contando hasta cuatro una vez más. Esto calmará tu mente y te traerá de vuelta al presente. Inténtalo.

2. Toma consciencia de tus sentidos.

Observa lo que ves, escuchas, sientes o hueles en este momento. Créeme que es muy práctico y buenísimo. Centrarte en tus sentidos ayuda a anclarte en el momento, alejando tu mente de pensamientos dispersos.

Hay una dinámica que aprendí a cerca de esto: Observa cinco cosas a tu alrededor, luego escucha cinco sonidos, ahora siente cinco cosas que te tocan y termina con identificar olores a tu alrededor.

3. Reconoce tus pensamientos, pero no te apegues a ellos.

Cuando te des cuenta de que estás en el pasado o preocupándote por el futuro, simplemente reconócelo sin juzgar. Luego, suavemente, vuelve tu atención a lo que estás haciendo. No trates de forzar que los pensamientos se vayan, no te pelees con ellos, solo trata de desviar tu atención a otra cosa, créeme que esto es superbueno.

4. Realiza pausas intencionales.

Haz pequeños descansos durante el día para detenerte, respirar y hacer una revisión interna. Pregúntate cómo te sientes y en qué estás enfocado. Esto ayuda a evitar que el desenfoque se acumule.

5. Practica la gratitud.

Una forma de regresar al presente es expresar gratitud por lo que Dios ha hecho contigo y cómo Él te ha sostenido. Busca alguna experiencia actual o encuentra algún motivo alrededor de ti por el que puedas estar agradecido, lo cual refuerza una actitud positiva hacia el momento presente.

6. Acepta que el desenfoque es normal.

Parte del proceso de restauración es aceptar que es natural que la mente divague de vez en cuando, aunque debemos asegurarnos de no entrar en la arena movediza de los teatros mentales falsos. No te frustres ni te critiques cuando pierdas la concentración. Cada vez que lo notes y regreses estarás entrenando tu mente para mejorar.

7. Haz una cosa a la vez.
Evitar ser multitareas es fundamental para tu recuperación. Concéntrate solo en una tarea a la vez, ya que esto reduce la posibilidad de que tu mente se disperse. Cuando veas que lo logras, puedes avanzar a otra responsabilidad. Al pasar por depresión dejamos a un lado la limpieza y el aseo personal, por lo cual te recomiendo que, cuando empieces a sentirte mejor, procures animarte a hacer actividades que tengan que ver con la limpieza de tu cuarto, de tu clóset, ve poco a poco avanzando hacia la cocina y la ropa. Pronto regresará la alegría de la limpieza otra vez. En cuanto a tu aseo personal, no lo dejes pasar. Arréglate, vístete bien. En lo personal a mí me ayuda mucho en mi estado de ánimo el vestirme bien. Si eres mujer, y tu economía te lo permite, arréglate el cabello o las uñas.

8. Enfócate en el proceso que estás viviendo, no solamente en el resultado.
Cambia tu enfoque de **«salir de la depresión»** a **«estar presente en el proceso de salida»**. Esto ayuda a disfrutar más del momento y te mantiene más concentrado en lo que haces. Te puedes imaginar que un día, así como yo, podrás ayudar a muchas personas porque aprendiste el proceso de salida.

9. No olvides detenerte para meditar en las promesas eternas.
Meditar en la lectura bíblica de forma regular fortalece tu capacidad para regresar al presente cuando te desenfocas. Incluso si solo meditas por algunos minutos al día, entrenarás a tu mente para detectar cuando se ha ido y cómo volver suavemente.

    Recuerda que la música es muy importante para tu recuperación. Busca desde temprano escuchar canciones que exalten la grandeza de Dios.

PARA REFLEXIONAR

- *Cada vez que te desenfocas, construyes; te recuerdo que puedes construir positivamente usando tu mente para ser creativo, revisar pendientes y elaborar tu agenda, pero también puedes construir negativamente usando tu mente para crear escenarios de dolor y angustia.*
- *Ten cuidado con los lugares, sonidos, palabras y olores que puedan provocar el desenfoque de tus ojos. Administra bien tu tiempo en las redes sociales y la televisión.*
- *Dejar vagar la mente es la fuente número uno de tristeza, dice la neurociencia. Es tiempo de tomar las riendas de tu mente.*
- *Si recuperas el enfoque de tus ojos, sacarás a la depresión de su ambiente, entonces dejará de lastimarte y muy pronto regresarás al camino de la vida otra vez.*

> En este mundo tendremos aflicción, pero debemos confiar porque Dios ha vencido. Habrá ocasiones en que no podré evitar que los pájaros vuelen sobre mi cabeza, pero si depende de mí, que no permita que anide. Cuando fabrique un pensamiento negativo lo sustituiré de inmediato por uno positivo conforme enseña su Palabra.
>
> **Marcela**

CAPÍTULO 8

La radiografía de una crisis de ansiedad

LA HISTORIA DE UN PUEBLO

UN DÍA ME COMPARTIERON una historia escrita por el Premio Nobel Gabriel García Márquez que me gustaría resumirte aquí:

Una mañana una señora amaneció con un presentimiento de que algo malo iba a pasar en el pueblo donde vivía junto con sus hijos. Al comentarles el presentimiento a ellos, se burlaron y dijeron que eran cosas de «viejitos».

Al pasar el día, a sus hijos comienzan a sucederles situaciones inesperadas, haciéndoles pensar que en realidad la mamá tenía razón.

Sus hijos se encargaron entonces de esparcir el rumor, que pronto llegó hasta la carnicería, donde el carnicero alertó a sus compradores sobre adquirir más carne porque la gente se estaba preparando para lo peor, de modo que a media mañana ya había terminado de vender toda su mercancía.

El pueblo empezó a sentir un temor colectivo, de modo que algunos decidieron huir del lugar, mientras otros quemaban sus pertenencias para que no cayera la desgracia sobre lo que tenían, huyendo como en un verdadero éxodo de guerra... y entre todos ellos iba la mujer que tuvo el presagio, clamando: *«Yo les dije que algo muy grave iba a pasar y me dijeron que estaba loca».*

ANALICEMOS LA HISTORIA

Acabamos de leer la historia de un pueblo que se destruyó en un solo día por un rumor. Fue corriéndose la voz de persona a persona, creando un temor comunitario, haciendo que los habitantes del pequeño poblado reaccionaran con ansiedad y tomaran decisiones equivocadas.

Esta historia, aunque es un cuento, es muy parecido a lo que hacemos cada mañana. Amanecemos con el presentimiento de que algo malo nos va a ocurrir. Es tan real el sentimiento que estamos solo esperando a que suceda cualquier tipo de catástrofe material o humana.

Nos dejamos llevar desde muy temprano por teatros mentales falsos catastróficos y andamos destruyendo no solo el pueblo de nuestra historia, sino también nuestra vida y la de los demás a nuestro alrededor. Estamos tan acostumbrados a autodestruirnos, que de alguna manera hemos llegado a sentimos más cómodos cuando vemos la soledad y el fracaso llegar a nuestra vida, porque pensamos que no merecemos nada, **en vez de ver las bendiciones de Dios que nos persiguen.** Dios nos abre caminos, pero nosotros los cerramos, Dios derrama agua viva, y nosotros la andamos desperdiciando, tenemos todas las promesas listas para cumplirse en nuestra vida, pero terminamos por dudar de Dios, pensando que puede bendecir a cualquier persona menos a nosotros.

Cómo podemos aplicar «La historia del pueblo» en la vida diaria

1. Si nos llega un pensamiento de que algo malo nos va a pasar, ahora podemos analizarlo; si nuestra mente está creando un escenario mental negativo, inmediatamente lo podemos hacer a un lado. Es importante contarte que cuando yo estaba pasando por estas luchas, decidí ignorar algunos de estos pensamientos y seguir anclando mi fe en las promesas de Dios. Tú también puedes hacer lo mismo.
2. Si de repente hay actividades que no nos salen bien durante el día, no podemos generalizar afirmando que es el comienzo de la catástrofe. Te pongo un ejemplo: si no encuentras las llaves de tu carro, no digas: **«Siempre pierdo las llaves, no tengo solución»**. Calma, no siempre pierdes las llaves. Si olvidaste enviar un mensaje importante, no te castigues todo el día pensando que eres de lo peor, mejor envía el mensaje inmediatamente y hazte responsable de las consecuencias.
3. Cuando veas que las personas a tu alrededor entran en un pánico colectivo, trata de calmarte: no porque la gente está comprando «el doble de carne» quiere decir que están haciendo lo correcto. Deja que Dios te guíe y que la paz de Jesús gobierne tu corazón.
4. Los habitantes tomaron la decisión de quemar sus casas y pertenencias. Cuando nuestra emociones están descontroladas es muy probable que tomemos las peores decisiones de nuestra vida. Asegúrate de calmar tus emociones antes de tomar decisiones que van a afectar el destino de tu vida. Mientras estás atravesando por depresión, por favor, no renuncies a nada, no huyas, no dejes, no abandones. Es importante que aguantes un poco más. Las cosas están a punto de mejorar y no queremos

que te arrepientas de decisiones equivocadas. Si ya has tomado de este tipo de decisiones, es el momento de respirar profundo y calmarse un poco. Recuerda que todo tiene solución.

Definición de una crisis de ansiedad

Créeme que no hay nada más horrible que una crisis de ansiedad. No hay un lugar seguro, estamos expuestos a ella en la casa, en el trabajo, en fiestas y aun de vacaciones. Aparece sin motivo alguno y no nos suelta hasta quedar exhaustos emocionalmente. Nos mantiene bajo el control de sus tentáculos y de su veneno mortal, dejándonos con una sentido de desesperanza. Anhelamos que no nos vuelva a dar, pero pareciera que cada vez aparece más fuerte y con mayor frecuencia.

Una crisis de ansiedad, también conocida como ataque de pánico, es un episodio repentino de miedo intenso o malestar extremo que puede manifestarse con síntomas físicos y emocionales. Estos episodios suelen durar entre unos minutos hasta algunas horas, aunque los efectos secundarios pueden prolongarse durante más tiempo.

Las crisis de ansiedad pueden ser desencadenadas por situaciones de estrés, traumas o surgir sin un motivo aparente. Algunos de los síntomas comunes incluyen:
- *Palpitaciones o latidos cardíacos rápidos.*
- *Sensación de ahogo o falta de aire.*
- *Sudoración excesiva.*
- *Mareos o desmayos.*
- *Temblores.*
- *Sensación de muerte inminente.*
- *Pérdida de control.*
- *Hormigueo en las extremidades.*

Una tarde de paseo

Un día común y corriente, caminando por un centro comercial de mi ciudad, estaba tratando de disfrutar la tarde con la familia. Habíamos ido a pasear y a refugiarnos de los fuertes calores de mi Monterrey. Dando la vuelta por uno de los largos pasillos me encontré a un amigo que tenía mucho de no ver.

Cuando nos topamos, nos sorprendimos los dos, quedando unidos en un gran abrazo.

—Hace mucho que no te veía —inmediatamente le comenté.

Sin titubear mucho, me contestó con un tono suave:

—Fíjate que acabo de salir del hospital, porque me dio un ataque al corazón…

Le interrumpí rápidamente, e intrigado, le pregunté:

—Pero, ¿cómo fue?, ¿cómo te sentías? Platícame.

—De repente empezó a hormiguearme el brazo izquierdo… empecé a sentirme mal y me fui «*de volada*» al doctor. Para cuando llegué al hospital ya empezaba a desmayarme, pero gracias a Dios, llegué a tiempo —me comentó, con su rostro alegre.

—¡Wow, qué tremendo! —le dije emocionado.

Estuvimos platicando por unos minutos más, disfrutando de nuestra amistad. Cuando llegó la hora de la despedida mi mente ya había empezado a trabajar. Regresamos a casa ese día y todo estaba bien. Días después, ¿qué crees que pasó? Yo ya había olvidado el encuentro con mi amigo en el centro comercial, al menos eso creía yo, cuando de repente empezó a hormiguearme el brazo izquierdo.

No estaba listo para pasar por una crisis de ansiedad inminente, pero mi mente se aferraba a ella. Cuando sentí el hormigueo en mi brazo, mi mente estuvo a punto de hacer el mismo recorrido que hizo mi amigo. Sin recordar lo que le sucedió a él, mi mente empató una situación con otra, comencé a asustarme, porque estaba seguro de que me estaba dando un ataque al corazón, por la evidencia del hormigueo. Le comenté a mi esposa que no lograba regularme y que necesitaba urgentemente ir al hospital. Nos subimos al auto y nos dirigimos al hospital a unos kilómetros de casa. Cuando llegué, me subieron a una camilla y me llevaron a emergencias. Esa tarde llegó mi familia completa, todos asustados por que el primer diagnóstico del **«Dr. Sergio Moncada»** era ataque al corazón. El **«Dr. Moncada»** estaba seguro que así era.

No quiero ser tan específico, pero me hicieron todos los análisis que estaban disponibles para revisar qué tan grave era mi situación cardíaca. Al final de este día tormentoso entró el doctor a mi pequeña habitación, solo para decirme que mi salud estaba en perfectas condiciones y que mi corazón latía de forma normal y constante. No había nada de qué preocuparnos.

Salí esa noche del hospital pensando en todo lo ocurrido; no solamente me quedé con el corazón vacío, ¡también con mi cartera vacía por la cuenta tan alta del hospital! ¿Cómo es posible que la mente sea tan poderosa? Manipula nuestras emociones y nuestra acciones y nosotros nos dejamos llevar por ella sin preguntar. Mi amigo no tuvo la culpa de nada, soy yo el responsable de esta crisis de ansiedad al dejar sin supervisión mi mente al permitirle que vagara hasta sentir hormigueo en mi brazo.

PASOS PARA CAER EN UNA CRISIS DE ANSIEDAD

Bien, quiero compartir contigo los pasos que te llevan a tener una crisis de ansiedad. Ya hemos avanzado lo suficiente en el libro para que comprendas los ingredientes que te llevan a tener ataques de pánico. Revísalos, tal vez te sentirás identificado con ellos. Nos toca estar alertas.

Paso 1. Mirada pérdida.
Recuerda que la mente usa el desenfoque de los ojos para abrir cajones. Todo el problema empieza con tu mirada perdida. Si logras detener esta acción romperás con el ciclo de depresión. Te lo garantizo. Al mantener tu mirada enfocada sacarás a la depresión de su ambiente. Si cortas el ciclo aquí, no habrá más tristeza prolongada. Recupera el enfoque de tus ojos y pon tus ojos en Jesús, el Autor de la fe. El problema no es abrir cajones, el problema es qué cajones estamos abriendo cuando tenemos la mirada perdida que nos lleva a una crisis de ansiedad.

Paso 2. Abrir los archivos mentales de recuerdos dolorosos sin control.
Una crisis de ansiedad se alimenta con el dolor del pasado, con las traiciones, abandonos, rechazos, abusos, decepciones, etc. Cuando tu mente abre el cajón del dolor y luego abre el cajón del rechazo… y luego el del abandono… y tratas de buscar una solución en esos cajones, no la vas a encontrar. Hay que parar y abrir otros cajones, como el de la esperanza y el de las promesas de Dios. Tus emociones son el reflejo de los cajones que abres más. Un ataque de pánico se acelera cuando brincamos de un cajón a otro lastimándonos con los recuerdos del pasado. De ninguna manera quiero decir que tu pasado no es doloroso, pero sí puedes dejar de darle vuelta una y otra vez.

Paso 3. Fabricar teatros mentales falsos.
Una mirada perdida siempre abrirá cajones de desgracia. Si a esto le sumas la capacidad de la mente para hacer teatros mentales falsos, estás fabricando una tremenda crisis de ansiedad. Pasas de escenarios de fracaso para luego fabricar los de soledad, y para rematar, terminas por pensar en escenarios de muerte. Por eso tenemos ataques de pánico.

Paso 4. Y el último ingrediente es la desesperanza.
«Cuando se pierde la esperanza, se debilita el corazón, pero un deseo alcanzado es un árbol de vida».
Prov. 13:12

Pensar que nada bueno puede pasar llena nuestra mente de desesperanza. Y la desesperanza es la fuente número uno de depresión. Hemos sacado a Dios de la mente y del corazón. Olvidamos sus promesas e ignoramos su presencia en nuestra vida. Funcionamos en nuestras fuerzas, que son limitadas, quedando con un sentido de vacío total y frustración. Todo lo contrario pasaría si regresamos a tener esperanza. Cuando la esperanza llena tu corazón, un día gris se puede convertir en mil colores. Estás seguro que Dios puede hacer cualquier cosa en cualquier momento. No importa que tan grande es la montaña de problemas, siempre puedes creer que Dios la puede mover.

Paso 5. Como resultado: Una crisis de ansiedad.
«...pero no tengo fuerzas para seguir, no tengo nada por lo cual vivir».
Job 6:11

Y aquí vamos otra vez. La gente no entiende por qué estamos pasando por esas crisis. Para los que están a nuestro lado, pareciera que con un simple *«échale ganas»* saldremos adelante. Pero es más complejo que eso. Han sido años lastimándonos, hemos llorado por días enteros y nosotros mismos hemos complicado nuestra salida.

Si pudieras empezar por controlar el desenfoque de tus ojos, para luego cerrar los cajones que te traen dolor y no permitirle a tu mente que fabrique teatros mentales falsos, te aseguro que estarás en camino a despedirte de las horribles crisis de ansiedad.

Conclusión

«Aunque ande en valle de sombra de muerte, no temeré mal alguno, porque tú estarás conmigo; tu vara y tu cayado me infundirán aliento».
Salmo 23:4

Corría el año de 1976. En ese entonces yo tenía ocho años, mi hermana, nueve años, y mi hermano mayor, diez. Fue el año que mi papá enfermó gravemente de una cirrosis hepática mortal. Los doctores no le daban muchas esperanzas a mi mamá, diciéndole que arreglara las cosas legales, porque mi papá no pasaría la noche. Él era un hombre muy rudo y difícil de detener; había trabajado duro toda su vida para sostener a la familia, pero ahora estaba peleando una difícil batalla por su vida. Mi madre, de carácter dócil y tranquilo, tendría que enfrentar la vida sin mi papá. Estábamos pasando por momentos muy complicados.

Mi papá no quiso morir en un hospital y fue su deseo pasar sus últimos días en casa con la familia. Una tarde, llegamos de la escuela mis hermanos y yo y era nuestra costumbre abrir un poco la puerta de su cuarto y asomarnos para ver de lejos a nuestro padre moribundo. Ese día mi papá murió mientras nuestras caras curiosas buscaban verlo por última vez. Nunca nos imaginamos, al abrir la puerta de ese cuarto oscuro, lo que estaba ocurriendo.

En ese momento mi papá sintió que su espíritu se separaba de su cuerpo y de alguna manera miró las caras de sus pequeños hijos, y aunque nunca fuimos muy religiosos, él elevó una última oración desesperada: «*Señor, ¡dame una oportunidad! Mira, mis hijos, están muy pequeños...*».

Ese día nos cambiaría la vida para siempre. Si se hubieran abierto nuestros ojos para ver todo lo que estaba sucediendo en el mundo espiritual, nos hubiéramos desmayado. Dios había escuchado la débil oración de un hombre que pidió una segunda oportunidad de vivir. Milagrosamente, mi papá sintió como su espíritu regresó y cayó nuevamente en su cuerpo enfermo. Dios le estaba regresando a la vida. De ese evento en adelante, contaba mi papá, presentó una recuperación inesperada y sorpresiva. Su hígado rejuveneció, los doctores no se explicaban cómo. Las caras de esos pequeños que no entendían nada de la salud de su papá lo inspiraron, al borde de la muerte, a hacer una oración sincera. Pudimos disfrutar a nuestro padre muchos años más.

Cada vez que pienso y comparto esta historia milagrosa, eso me lleva a pensar que todavía hay esperanza. Tú también puedes decir hoy: *«Señor, dame una oportunidad»* y confiar que así será. Hay un destino que tienes que cumplir en la tierra: tu familia te necesita y hay mucha gente que está esperando que salgas de esta situación para que les cuentes las grandes cosas que Dios hizo contigo. No pierdas la esperanza, los mejores días de tu vida están por llegar. **¡Vas a estar bien!**

Para reflexionar

- *Cuídate de los presagios mañaneros, normalmente tienen ingredientes de muerte y destrucción.*
- *Las situaciones que le suceden a las personas que están a tu alrededor no necesariamente te van a suceder a ti. No empates una situación con otra. Tú eres único.*
- *Una crisis de ansiedad se detiene cuando no le permites a la mente vagar por los cajones de la mente. Mantente enfocado en las promesas de Dios.*
- *Tú también puedes elevar una oración débil, no pierdas la esperanza.*

PRINCIPIO 3

¿CÓMO SE HICIERON TAN FUERTES LOS PENSAMIENTOS DE TRISTEZA?

CAPÍTULO 9:
¿Quién es verdaderamente mi enemigo?

CAPÍTULO 10:
Descubrimientos de la Neurociencia que te ayudarán en el proceso de salida

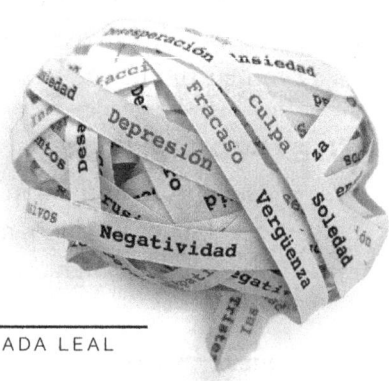

PRINCIPIO 3

¿Cómo se hicieron tan fuertes los pensamientos de tristeza?

CUÁNTAS VECES traté de llevarme las manos a mi cabeza y sacudirla con fuerza para buscar la manera de quitarme de encima los pensamientos obsesivos que tanto me molestaban. Realmente estaba desesperado. Al parecer no había manera, yo los había convertido en parte de mi vida y no iba a ser tan fácil decirles adiós. **¿Cómo fue que se hicieron tan fuertes? ¿Por qué no me los podía quitar de encima?**

No tenía forma de hacerlo hasta que encontré una fórmula sencilla que había permanecido en secreto para mí. Y quiero compartirla contigo.

Cuando empecé a escribir en mi diario lo que estaba pasando por mi cabeza y con qué frecuencia se repetían los pensamientos obsesivos, descubrí algo superinteresante que va a cambiar tu vida.

El experimento

Algunos investigadores expusieron a un grupo de personas a escuchar cinco minutos al día una emisora de radio en la que el contenido eran solo malas noticias. Luego

de evaluar a los radioescuchas que estuvieron diariamente expuestos a esas noticias, se descubrieron cuatro efectos visibles:
1. **Todos mostraron un sentido de depresión y tristeza.**
2. **Empezaron a creer que el mundo era un lugar negativo.**
3. **Estaban menos dispuestos a ayudar a otros.**
4. **Comenzaron a creer que lo que habían escuchado pronto les sucedería a ellos.**

Simplemente con recibir la información negativa en el programa radial y reflexionar sobre ella, su percepción del mundo y su visión de la vida fueron afectados, su concepción de la realidad fue moldeada por sus pensamientos. Todos estamos expuestos a noticias que taladran nuestro estado de ánimo, dejándolo frágil, y con debilidad emocional a flor de piel.

¿Cómo cinco minutos de pensamientos negativos cada día pueden tener esa clase de influencia en nuestro interior? ¿Cómo es que nuestras emociones, sentimientos y acciones pueden ser modificados por la información que nuestra mente recibe? El flujo de noticias negativas y valores torcidos que se vierten tan libremente sobre nuestra mente claramente cambian la manera en que vivimos. Nos guste o no, lo que pensamos influye en lo que hacemos. El filósofo romano Lucio Séneca no se equivocó cuando dijo: «*Sufrimos más en la imaginación que en la realidad*».

El caso de Patricia

Cuando platiqué con Patricia, ella estaba cargando con algunas situaciones emocionales que la estaban llevando a la depresión. Reconoció que ya habían pasado algunos años antes de darse cuenta que estaba mal emocionalmente. La invité al taller **«Renueva tu mente»,** lo cual aceptó con gusto. Con el transcurso de las sesiones se le veía un rostro diferente y lleno de una nueva esperanza. Al terminar, no dejaba de agradecernos todo el trabajo y esfuerzo que estábamos haciendo en favor de ella y de muchas personas que necesitaban ayuda. Patricia, muy agradecida, nos escribió este lindo mensaje:

«En este taller he tenido un cambio muy favorable en mi vida. Fui consciente de mis pensamientos que llegan diariamente y dejé de abrir el cajón de las miserias emocionales. Ahora, todos los días abro el cajón de las promesas de Dios, hago mi diario de emociones, tengo ahora mi colección de versículos. Todo los días separo un tiempo para agradecer a Dios. Mi manera de pensar a cambiado, bajó la ansiedad, la tristeza y el desánimo. Mi fe creció y han disminuido los pensamientos negativos. He crecido en el conocimiento de las promesas de Dios en mi mente y corazón, creyéndole y enfocándome en él diariamente. No fue fácil, pero lo estoy logrando con la ayuda de Dios. Por favor, sigan adelante ayudando a más personas».

Cada vez que alguien nos envía cartas, mensajes y palabras acerca de que el taller **«Renueva tu mente»** ha sido de ayuda, nos anima a seguir adelante. Gracias, Patricia. Apreciamos mucho el tiempo que invertiste en escribirnos.

Resumen

Te dejo un recordatorio de lo que hemos aprendido hasta aquí:

• En el **Principio 1** aprendimos que no todo lo que pasa por tu mente es una verdad y tuvimos la oportunidad de aprender el significado de la palabra **«aprensión»**.

• En el **Principio 2** aprendimos el mecanismo que usa la mente para fabricar teatros mentales falsos.

Te recuerdo que si cuidas el desenfoque de tus ojos, sacarás a la depresión de su ambiente y así dejará de lastimarte.

• En el **Principio 3** estudiaremos la relación que hay entre la depresión y la cantidad de tiempo que hemos estado expuestos a los pensamientos obsesivos. Si te diste cuenta, en el experimento que vimos al principio, por un lado, los individuos estaban expuestos a malas noticias, pero por otro lado, tuvo que ver la cantidad de tiempo que invertían escuchándolas. Si te fijas bien, estuvieron al frente de la transmisión de radio todos los días por cinco minutos al día.

Te voy a convencer que las ganas de morir no aparecieron ayer, sino que ya tienen tiempo rondando tu mente sin que te des cuenta. Sacudes tu cabeza para quitarte esos pensamientos de encima, pero no se van. **¿Por qué se hicieron tan fuertes? ¿Por qué no te los puedes quitar?** Eso es lo que vamos a descubrir juntos.

No te detengas, sigue adelante, estás a punto de aprender a usar la llave que abrirá el candado hacia tu libertad. Como sucedió con Patricia, tú también puedes encontrar el camino que te lleva a la vida abundante que Dios ofrece.

CAPÍTULO 9

¿Quién es verdaderamente mi enemigo?

> «Cuando se cumplió el tiempo...levanté los ojos al cielo. Recuperé la razón, alabé y adoré al Altísimo y di honra a aquel que vive para siempre. Su dominio es perpetuo, y eterno es su reino».
>
> **Daniel 4:34**

El caso de Ariana

ARIANA ERA UNA MUJER atrapada en su propia mente. Los pensamientos se acumulaban como olas furiosas que la ahogaban una y otra vez. Desde hacía años luchaba contra una obsesión que la mantenía prisionera: pensamientos sombríos, repetitivos y persistentes sobre su deseo de terminar con su vida.

Se sentía desgarrada entre el impulso de poner fin a su sufrimiento y el anhelo de encontrar una razón para continuar. Cada mañana, al abrir los ojos, una nube de oscuridad la levantaba, y los pensamientos negativos se desataban sin piedad durante el día.

Recordaba cada error, cada momento en que sentía haber fracasado, y estos pensamientos regresaban, atacándola una y otra vez. *«No tienes valor, no hay escape»*, le repetía su mente, como una melodía discordante que no podía detener.

A pesar del dolor, Ariana encontraba una pequeña chispa de esperanza en su corazón, y con el destello de luz que le quedaba, pudo acudir al equipo de **Renueva tu Mente** en busca de ayuda. Lentamente empezó a comprender que esos pensamientos obsesivos no eran más que un producto de su mente, sombras que no la definían. Le enseñamos a observarlos sin reaccionar, a verlos como nubes pasajeras que, aunque parecían eternas, podían disiparse con el tiempo.

Con el apoyo adecuado, Ariana empezó a redescubrir pequeños momentos de paz. Había días en que aún la invadían pensamientos oscuros, pero aprendió a no aferrarse a ellos. Descubrió que no estaba sola en su dolor y esa conexión con otros que entendían su lucha fue sanadora. Aunque su viaje hacia la recuperación sería lento, Ariana comenzó a vislumbrar que su vida, como las olas, podía encontrar calma después de la tormenta. Se agregó a un estudio bíblico semanal, donde fue sostenida en oración y apoyo emocional.

El ejemplo de Gedeón

Cuenta la Biblia que los hijos de Israel fueron oprimidos por un pueblo vecino durante siete años. Cada vez que levantaban sus cosechas para poder comer, los enemigos les quitaban todo, dejándolos en la miseria y llevándose también los pocos animales que les quedaban. Vivían escondidos y habitaban en cuevas en las montañas. Por siete años pasó lo mismo. Los estudios del comportamiento humano dicen que en treinta días puedes agregar una nueva rutina a tu vida, ya sea positiva o negativa. Ahora imagina lo que pueden hacer siete años de la misma rutina destructiva en el corazón de los israelitas, siete años de derrota, de muerte, de opresión; ellos ya se habían acostumbrado al fracaso. Tenían una cultura de desánimo. Un día ellos tomaron la decisión correcta de pedir ayuda a su Dios. ¿Y qué crees? Dios respondió su oración al mandar un mensajero que les diera una palabra de esperanza. Cuando este enviado del cielo se encontró con Gedeón, le dio una declaración hermosa de fe y de confianza:

> *«Entonces el ángel del Señor se le apareció y le dijo: ¡Guerrero valiente, el Señor está contigo!».*
> *Jueces 6:12.*

Imagina que Dios te dice que eres un guerrero valiente y que su presencia está contigo. ¡Qué tremendo! Ponte a pensar que el Señor Todopoderoso, el Creador del universo, te envía un ángel para decirte una palabra llena de poder. ¡Uf! ¡Espectacular!, ¿no crees?

¿Qué harías tú? ¿Cómo la recibirías? ¿Te alegrarías?

Veamos cómo reaccionó Gedeón:

«Señor, respondió Gedeón, si el Señor está con nosotros, ¿por qué nos sucede todo esto? ¿Y dónde están todos los milagros?». Jueces 6:13.

¡Oh no!, ¿qué pasó?, ¿qué está haciendo Gedeón?, ¿le está reclamando al ángel?, ¿cómo se siente Gedeón? En vez de recibir el mensaje de Dios y entusiasmarse, empezó a cuestionarlo con amargura en su corazón. Gedeón llevaba siete años envuelto en una cultura de derrota que taladró el espíritu débil del pueblo de Israel.

De tal manera que **cuando Dios les envía un mensaje de libertad, ellos ya no lo creyeron,** estorbados por los siete años que tenían siendo oprimidos. Se habían acostumbrado. Habían perdido la esperanza. Cuando Dios decide intervenir, Gedeón responde con dolor y rechazo.

Aplicación

Dios le ha puesto una fecha a tu sanidad, ¡**este es el tiempo**! Él ha puesto este libro en tus manos para traer libertad a tu vida. Te creo cuando me dices que todos estos años que has pasado han sido horribles, pero es tiempo de sacudirnos en el Nombre de Jesús y creerle a Dios que tu liberación está cerca.

Me imagino que ya estás tan acostumbrado a tener desánimo como parte de tu rutina diaria, a tener pensamientos de muerte, a no querer salir de tu casa, a sentir una opresión fuerte en tu pecho, que cuando te llega una palabra de esperanza, ya no la crees, como Gedeón. Este capítulo es para ayudarte a quebrar con todos esos sentimientos de derrota y fracaso. Vas a mejorar muchísimo te lo aseguro.

Créeme cuando te digo que la cantidad de tiempo que hemos invertido fabricando teatros mentales falsos es muy importante en el proceso de caída y de la recuperación de la depresión. Fueron los siete años de miseria emocional y material los que endurecieron el corazón de Gedeón. De eso se trata este capítulo, quiero despertar tu consciencia, como pasó con la mía. No importa cuantos años tienes en agonía interior, tu mente puede ser redirigida hacia pastos verdes y aguas delicadas. Deja que el **Gran Pastor** de las ovejas te pastoree y te acompañe aun en los valles de sombra de muerte.

Quiero pensar que te gustaría saber cómo termina la historia de nuestro inseguro Gedeón. La Biblia registra que Dios les dio la victoria sobre los enemigos y el débil y amargado Gedeón fue transformado para convertirse en un líder valiente e importante de su tiempo.

¿Te puedes imaginar todo lo que está a punto de suceder en tu vida? Así como pasó con Gedeón, Dios puede cambiar tu cultura de derrota y fracaso a una cultura de fe y esperanza para ti y tus generaciones. Tu vida no termina en esta etapa de tu historia. Te vas a volver a levantar y vas a ser de bendición para tu familia y tus amigos. Tendrás mucho que contar a los que vienen detrás de ti, serás una persona con un mensaje poderoso de las grandes maravillas que Dios estará haciendo contigo. Sé que en tus ojos hay lágrimas de duda e incredulidad, pero sigue adelante, no te detengas.

¿CÓMO SE HICIERON TAN FUERTES LOS PENSAMIENTOS?

Cada capítulo que avanzo, cada línea que estoy escribiendo y cada recuerdo que se me viene a la mente me remontan al dolor y la agonía de mi vida llena de muerte y desesperación. No puedo más que agradecer a Dios por esta hermosa oportunidad de compartir contigo todos estos principios que mis ojos pudieron ver en la oscuridad de la depresión.

En algún momento del proceso me di cuenta de algo importante. Dios me llevó a un descubrimiento increíble que me encaminó a una de las liberaciones más importantes de este proceso. Mi mente giraba alrededor de pensamientos repetitivos, que luego me enteré que se llamaban pensamientos obsesivos.

¿QUÉ ES UN PENSAMIENTO OBSESIVO?

Un pensamientos obsesivo es una idea, imagen o impulso que se presenta en la mente repetitivamente, de forma persistente y sin que la persona lo desee. Es como si la mente se atascara en una idea que no puede soltar, incluso cuando se intenta ignorarla o reemplazarla por otro pensamientos. Estas ideas suelen generar mucha ansiedad o incomodidad, ya que aparecen de manera intrusiva, sin que uno las busque. Aunque la persona se dé cuenta de que el pensamientos no tiene sentido o que es exagerado, le cuesta mucho trabajo evitarlo o hacerlo desaparecer. Y de eso estaba llena mi mente. Años atascado en los mismos pensamientos, sintiendo que me hundía cada día.

El ejemplo de Hernán

Hernán es una persona que se siente constantemente insegura sobre su valor personal y teme que los demás no lo acepten. Hernán, después de una pequeña discusión con un amigo, no puede dejar de pensar: *«No soy suficiente, seguro que ya no me quiere»* o *«Soy una carga para todos»*. Aunque su amigo le asegure que todo está bien, estos pensamientos negativos vuelven una y otra vez, haciéndolo sentir cada vez más ansioso y triste.

Este tipo de pensamiento obsesivo comienza a afectar su autoestima, pues empieza a creer que realmente no merece el cariño de los demás. Con el tiempo, esta obsesión por la autoimagen negativa puede llevarlo a aislarse, evitar amistades o incluso rechazar actividades que antes disfrutaba, porque el pensamiento destructivo se ha vuelto tan fuerte que limita su vida y le impide ver la realidad de manera equilibrada.

El pensamiento obsesivo crea un ciclo emocional doloroso en el que cada pensamiento refuerza la inseguridad y el miedo, alimentando aún más el sentimiento de desesperanza y la sensación de no ser valioso.

En mi mente surgieron estas preguntas

A continuación tomaremos el tiempo para analizar mis pensamientos obsesivos, para que tengas una idea más clara de cómo los identifiqué y cómo me los quité de encima. De alguna manera, empecé a preguntarme:

- ¿Cuántas veces al día pienso en muerte?
- ¿Cuántas veces al día pienso en fracaso?
- ¿Cuántas veces al día construyo teatros mentales falsos?
- ¿Cuánto tiempo paso desenfocado con la mirada perdida?

Estas preguntas me llevaron a descubrir el **Principio 3: ¿Quién es verdaderamente mi enemigo?**, llevándome a entender contra quién estaba **«en realidad»** peleando.

Me pude dar cuenta que el tiempo que estaba invirtiendo en pensar las mismas cosas una y otra vez, era fundamental en el proceso de recuperación.

Cuando alguien viene a mi oficina y le pregunto cuánto tiempo tiene sintiéndose de esa manera, casi el cien por ciento me dice que desde la semana pasada o hace un mes. Pero durante las dinámicas que les pido hacer, todos reconocen que esos pensamientos o sentimientos tienen más de diez años instalados en su mente. Entonces, tenemos todo ese tiempo revolcándonos en la miseria emocional y cuando queremos dejar de pensar en ella, ya se hizo una fortaleza impenetrable que afecta nuestro destino y nuestro estado de ánimo diario, como en el ejemplo de Gedeón.

¿QUIÉN ES VERDADERAMENTE MI ENEMIGO?

Cuando comencé a reflexionar en esto, acerca de los pensamientos obsesivos que llevaban instalados en mi mente diez años o más, encontré una estadística que decía que un pensamiento recurrente podía pasar por la mente alrededor de **50 veces al día** o, en algunos casos, incluso más.

Con una hoja en blanco, mi calculadora y mi mente matemática, hice una simple ecuación, multiplicando 50 pensamientos diarios por 365 días del año; siendo el resultado 18,250 veces al año que yo pensaba en el mismo pensamiento de tristeza. ¡Dios mío! ¡Eso era demasiado!

¿Y ahora quién podrá salvarme?

Cuando vi este resultado me asusté demasiado. Tenía un pensamientos que yo mismo había repetido 18,250 veces cada año. ¡No podía ser posible!

La revelación de esto no quedó ahí, cuando me acordé que los pensamientos de muerte se remontaban a mi adolescencia, casi me desmayo. Ahora tenía que multiplicar 18,250 por 10 años de miseria emocional. Y el resultado fue tremendo: 182,500 veces.

Entendí que mi verdadero enemigo se llama «182,500»

Mi verdadero enemigo no era el temor en sí, porque cada uno tiene temores diferentes, sino la cantidad de veces que lo había repetido en mi mente, creando una fortaleza indestructible. Había repetido 182,500 veces los escenarios de muerte y los teatros mentales de fracaso, por eso no podía quitármelos de encima. Aunque sacudía la cabeza, ellos seguían firmes dentro de mí, volviéndose pensamientos obsesivos. Todo lo que yo quería era morir.

Era muy triste, porque recordaba todos los planes que tenía para mi vida, llenos de alegría y felicidad; y ahora estaba en un laberinto oscuro, sin salida, llorando por los rincones sin salir de casa, queriendo ponerle fin a este sufrimiento. «¡Ya no puedo más!», me decía constantemente.

Descubrir que yo mismo le había permitido a mi mente pensar 182,500 veces el mismo pensamiento destructivo fue revelador. Sabía que estaba en el camino correcto para desbaratar un montón de ladrones en mi mente que me habían robado por años el deseo de vivir, quitándome la esperanza de tener una vida abundante que Dios me ofrecía. Entendí por qué no podía quitármelos de encima.

Te pondré un ejemplo sencillo:
Supongamos que tu pensamiento obsesivo es: **«Soy un fracaso», «Estoy sola», «Me voy a morir» o «No sirvo para nada»,** por poner un ejemplo. Por tu mente ha pasado 182,500 veces sin darte cuenta. Por eso te mantienes triste y frustrado.

Ahora imagina que también tienes una promesa de Dios en tu mente que dice: **«Todo lo puedo en Cristo que me fortalece» (Filipenses 4:13)** o tal vez: **«El Señor es mi pastor y nada me faltará» (Salmo 23:1)**. Son muy lindas esas promesas, pero te pregunto: ¿cuántas veces piensas en estos versículos diariamente? Tal vez una vez o dos o a lo mejor los domingos que asistes a la iglesia. Siendo bueno contigo, tal vez llegamos a pensarlos 20 veces al año y si lo multiplicamos por 10 años, nos da un resultado de 200 veces que has pensado en la esperanza que puedes encontrar en Dios y su Palabra.

¿Qué pasaría si enfrentamos cara a cara a **«182,500»** contra **«200»**?, ¿quién ganará? Por pura lógica, **«182,500»** aplastará al débil **«200»,** mandándolo frustrado a la lona. No era que las promesas de Dios no fueran suficientes, sino que yo mismo descuidé mi vida espiritual, menospreciando la voz de Dios y dándole lugar a los pensamientos destructivos para que se establecieran como un ladrón en mi sistema de creencias.

Cuando estaba escribiendo todo esto en mi libreta, haciendo mi reflexión personal, sin saber que un día lo compartiría contigo, entendí tres cosas:

1. Yo mismo había fortalecido al pensamiento obsesivo dejándolo avanzar 182,500 veces en mi mente, volviéndolo una celda de hierro sin puerta de salida.

2. El problema no estaba en las promesas de Dios; no era cuestión de si son efectivas o no, sino que yo no le estaba dándoles su valor al reflexionar en ellas muy poco, lo que me dejaba débil ante la depresión y la ansiedad. Por eso es superimportante tu tiempo devocional con Dios.

3. Cuando el pensamiento obsesivo (**«182,500»**), se enfrenta con las promesas de Dios (**«200»**), terminamos como Gedeón, frustrados y enojados con Dios por nuestra condición, aunque fuimos nosotros los que permitimos que los pensamientos obsesivos avanzaran y no las promesas de Dios. Y lo más fácil, claro, es echarle la culpa a Dios. Cómo Gedeón, discutimos con él cuando le cuestionamos: *«¿Dónde estabas cuando me ocurrió esto?»*, *«¿Por qué permitiste esto en mi vida?»*.

LA VIDA DIARIA Y «182,500»

Dentro de ti dices: *«¡Basta, es tiempo de salir adelante!»*. Buscas en las redes sociales a algún exitoso conferencista de motivación personal. Has estado batallando tanto que el dolor te hace pensar que el precio del curso no es un obstáculo, estás dispuesto a pagar lo que sea. Tomas nota del día y la hora y esperas con ansias ese momento.

Durante la mañana del esperado taller, el conferencista te repite una y otra vez que eres un campeón y que eres la persona más importante de tu universo. Te dices. *«Nunca me habían dicho esto»*. Comienzas a sentirte como un pavo real y tu estado de ánimo va mejorando exponencialmente. El conferencista, con mucho entusiasmo, realiza algunas dinámicas con otros participantes y dices: *«Esta es la mejor conferencia a la que he ido, valió la pena cada peso que invertí»*.

En el vestíbulo del hotel donde se están realizando las conferencias, está **«182,500»** sentado muy cómodamente, dándote tu espacio, siendo paciente, esperando a que salgas emocionado para charlar contigo durante los siguientes días.

Cuando termina la jornada motivadora, **«182,500»** te abre la puerta del salón y gustoso te recibe, estira sus brazos para abrazarte y te pregunta cómo te fue, y tú, supercontento, le dices que fue una experiencia inolvidable, llena de energía renovadora.

Todavía con una sonrisa y con muchas ideas nuevas, te vas a la cama esa noche; **«182,500»** se sienta en la orilla de la cama, colocando tus sábanas sobre tu pecho y dice: *«Nos vemos mañana temprano».*

En la mañana te levantas rejuvenecido, con toda la actitud victoriosa, pero poco a poco, **«182,500»** hará lo que sabe hacer mejor: detener todo intento de salir adelante en la vida. Empezará a recordarte todas las veces en el pasado en las que has querido deshacerte de él sin poder lograrlo, tratando de llenarte de frustración.

Desesperado, tratarás de hojear tus notas del curso del fin de semana, sin encontrar la efectividad que tuvieron en los días anteriores y te preguntarás por qué no funcionan ahora. **«182,500»** te recordará desde la ducha por la mañana las veces que fuiste rechazado, ignorado, abusado y traicionado, haciéndote ver que no será tan fácil salir de este calabozo oscuro.

Allá por el mediodía te hará ver la vida miserable que has tenido y repasará con paciencia todos tus errores del pasado, uno por uno. Se sentará junto a ti a la hora de la comida, y te servirá en tu plato su especialidad: consomé de ansiedad, sopa de tristeza con un toque de depresión y el plato fuerte: deseos interminables de morir. Haces a un lado tu charola de comida y terminas por decir: *«La verdad es que no tengo hambre».*

Tus amigos se preguntan qué te pasa, pero ni siquiera tú lo entiendes. Ya dejaste de sonreír y te has aislado de tu familia y amigos. Para esta hora, **«182,500»** está feliz, aplaudiéndote, viéndote caer en el pozo de la desesperación, aplastando cada intento que haces por salir adelante.

Llega la hora de dormir, y tienes una ligera esperanza de descansar un poco después de un día emocionalmente difícil. Ya en tu cama, «182,500» hace su aparición sorpresiva para desearte la peor noche de tu vida al traer a tu mente todos los errores e imperfecciones de tu carácter durante el día, provocando que no descanses durante el sueño, para que quedes más agotado y frágil para alargar su dominio sobre ti.

Y así, todos los días el ciclo de la depresión gira y gira, una y otra vez, para siempre.

En un grito desesperado dices:

«¡Dios, estoy muy cansado, por favor ayúdame, no sé qué hacer, ya no puedo más!».

Así fue como Dios contestó mi oración.

ENCONTRÉ LA ESTRATÉGIA PARA DEBILITAR A «182,500»

Descifrar los códigos para debilitar a **«182,500»** fue una verdadera lucha en mi interior. Puede ser que estos códigos te parezcan sencillos, pero no lo son. Intentaba por aquí y por allá, ¡pero no conseguía nada! Me seguían las preguntas: ¿cómo puedo pelear con alguien tan fuerte?, ¿cómo enfrentarme a diez años de ataduras y recuerdos dolorosos?

Aquí te diré las dos cosas que tienes que hacer urgentemente. Una te lleva a la otra **«y no podrás debilitar a 182,500»** por separado, sino que tiene que ser en conjunto.

Primero tienes que...

El primer camino que tomé fue el volverme consciente de la necesidad de Dios en mi vida. En la casa de mis padres nunca fuimos muy religiosos, así es que no tenía muy clara la intervención del Dios de amor en mi vida. Cuando empezaba a soñar con el diablo, no tenía la manera de defenderme, ni el padrenuestro me sabía. Desconocía el ambiente espiritual totalmente.

Pero siempre recordaba que la mamá de mi mejor amigo nos había compartido acerca de Jesús. Todo el tiempo la rechacé. Cuando todo el peso de la oscuridad cayó sobre mí, fue a ella la primera persona que busqué. Rápidamente ella me integró a su comunidad de fe, y todos fueron muy buenos al ayudarme en mis primeros pasos de fe.

«O buscaba a Dios, o me moría».

Empecé una vida devocional y aumenté conscientemente mi búsqueda de las promesas de Dios. El primer versículo que aprendí de memoria, ya que no podía dormir en las noches, fue el Salmo 4:8: *«En paz me acostaré, y asimismo dormiré; porque solo tú, Señor, me haces vivir confiado».* Esa noche llegué a mi casa y dormí como un bebé. Ahí comprobé que las promesas de Dios están vigentes para los corazones sedientos que le buscan.

Fui caminando con lentitud en esta nueva vida, encontrando pasajes bíblicos que sostenían mi corazón; me devoraba la Biblia tratando de encontrar promesas de paz y rápidamente las memorizaba. Encontré a Jesús en este proceso y me tomé de su mano para no soltarme jamás.

Lo que hice fue empezar a escribir en una libreta los versículos que me ayudaban. A esa libreta hoy le llamo **«Mi colección de versículos».**

Entonces mi corazón se empezó a llenar de fe y de esperanza. Me sentía seguro en las manos del Dios Todopoderoso. Mientras rendía mi vida a Jesús y aprendía promesas que me sostenían, **«182,500»** rugía en mi oído palabras de desesperanza y de temor, pero aprendí a ignorarlo.

¿Qué hice?

- Le di prioridad a mi búsqueda de Dios.
- Me mantuve escribiendo en mi colección de versículos.
- Llevaba mi libreta para todos lados y en cualquier oportunidad seguía leyendo.
- Encontré una comunidad de fe que sostenía mis brazos mientras pasaba por esta tormenta.
- Aprendí a rendirle cuentas a un mentor.

Lo primero tuvo que ver con aumentar mi fe a través de las promesas de Dios. He leído muchas historias bíblicas que han llenado mi corazón en esta travesía espiritual llena de altibajos y aquí sigo. Ahora tengo la oportunidad de enseñar a otros todos estos principios espirituales y emocionales. Ha sido toda una aventura increíble. Procura aumentar conscientemente al débil «200». Deja que Dios sea tu fortaleza.

Luego tienes que...

Lo que entendí de parte de Dios fue esto: No podría enfrentarme a este monstruo directamente, así que debía buscar otra estrategia. Lo única forma de vencer a **«182,500»** era debilitarlo.

¿Pero cómo?, ¿cómo lo hago?

Entonces un rayo de luz iluminó mi mente fatigada, Dios me dio un camino de esperanza. Cuando estaba reflexionando en todo esto, me pregunté: ¿cómo empezó ese pensamiento a hacerse fuerte? Y ahí entendí este principio.

No podía enfrentarme a diez años de pensamientos obsesivos, pero si podía enfrentarme al día de hoy. Entonces dejé a un lado la frustración que el tiempo me producía y empecé a enfrentarme solo un día a la vez. Tal vez te parezca lento el proceso, pero te digo que fue superefectivo.

Ya no me enfrentaría a **182,500** sino a **50** pensamientos obsesivos diarios y eso cambio mi perspectiva para siempre.

Como ya estaba consciente del desenfoque de mis ojos y de la construcción de teatros mentales falsos, procuré con todo mi corazón avanzar milímetro a milímetro, pues no podía avanzar más rápido.

Si en un día eran 50 veces, buscaba la manera que al siguiente día fueran 49, y al siguiente, 48. Y así, sucesivamente. Cuando mi mente empezó a liberarse de los pensamientos obsesivos destructivos, sucedió algo increíble: sentí una liberación impresionante. Dejé de llorar sin sentido, la sensación de que me perseguían se fue, el ruido del teléfono dejó de molestarme, noticias que antes me mandaban a la lona, ya no lo hacían. Y cuando empecé a darme cuenta de todo esto, grité: **«¡ESTO ESTÁ FUNCIONANDO!»**. Gracias a Dios, años de confusión interior empezaron a menguar.

Cuando iba a la mitad, o sea, con 25, pude salir de mi casa después de algunos meses y fui al parque, me tiré en el pasto y miré al cielo azul, y agradecí a Dios por todas sus bondades y misericordias. Había encontrado una herramienta que me serviría para el resto de mi vida y para poder compartir con otros este camino de libertad.

Sentí por primera vez en años que algo bueno estaba sucediendo. Hoy estoy en ceros en mis pensamientos obsesivos catastróficos de muerte, fracaso y soledad. **ME DESPEDÍ DE «182,500» PARA SIEMPRE.** No estoy libre de situaciones difíciles, pero mi mente y mi corazón están llenos de fe y esperanza. Cuando un pensamiento quiere instalarse en mi mente otra vez, ya tengo las herramientas para enfrentarlo. Ahora soy yo quien tiene las riendas.

Para reflexionar

- *Identifica tus pensamientos obsesivos, escríbelos.*
- *Mantén tu enfoque en las promesas de Dios.*
- *Consciente de tus pensamientos, ve disminuyendo uno al día. Es liberador.*
- *Cuéntale a otros lo que Dios está haciendo contigo con este libro.*

Por primera vez siento que tengo las herramientas para enfrentarme a mis pensamientos obsesivos. Lo que más me impactó de este curso, y que hizo un cambio en mí fue el hecho de darme cuenta que a veces he menospreciado la Palabra de Dios, porque le he quitado el poder que tiene en mi vida, y la capacidad de sanarme. Desde que aprendía a identificar mis pensamientos, puedo decir que ya los he empezado a reducir, y a enfrentarme con ellos, y todas estas enseñanzas llegaron a mi vida en un momento que necesitaba escucharlas.
Ingrid

Wow, fue una experiencia que marcó totalmente mi vida, desde identificar lo que estaba dañando mi mente hasta entender lo que impedía que yo siguiera creciendo en el camino de Dios. Dios lo bendiga Pastor.
Marlene

CAPÍTULO 10

Descubrimientos de la neurociencia que te ayudarán en el proceso de salida

HACE VEINTICINCO AÑOS que yo me encontraba en mi laberinto sin salida. En aquellos días, no había mucha investigación acerca del cerebro, o si la había, no teníamos en ese entonces el acceso a Internet para encontrarla. Ahora es totalmente diferente. Podemos obtener mucha información de gran nivel que nos puede ayudar a cimentar los procesos de salida de la cruel depresión y llegar a grandes psicólogos y psiquiatras extraordinarios con mensajes muy claros.

Cuando me propuse investigar a cerca de la neurociencia y cómo esta me podía ayudar en el proceso de recuperación, encontré mucha información valiosa. Me di cuenta que había un amplio conocimiento de cómo funciona el cerebro y cómo podemos mejorar nuestras habilidades de conocimiento, como la memoria, la atención plena y la creatividad. Estudiar la neurociencia es conocer la capacidad que Dios le dio a nuestro cerebro para regenerarse y eso nos interesa mucho en este libro.

Me gustaría comentarte lo mejor de este tipo de información que he leído y que puede ayudarte sin tantos rodeos y palabras difíciles de pronunciar. Aquí te dejo mi investigación. Que la disfrutes y aprendas de ella. Sé que te ayudará en el camino hacia tu libertad.

Qúe estudia la neurociencia

La neurociencia es la ciencia que estudia cómo funciona el cerebro y el sistema nervioso. En palabras sencillas, investiga cómo las neuronas se comunican entre sí para permitirnos pensar, sentir, recordar y mover el cuerpo. También busca entender cómo aprendemos, cómo percibimos el mundo y qué pasa cuando ocurren problemas en el cerebro, como enfermedades o lesiones.

Al Dr. Santiago Ramón y Cajal (1832-1934), médico y científico español, se le considera el padre de la neurociencia moderna por sus descubrimientos sobre la estructura del sistema nervioso. Revolucionó el campo de la ciencia al mostrar que el cerebro está compuesto por células individuales, no por una red, y su trabajo sentó las bases para la compresión moderna de cómo funciona el cerebro. Él escribió una frase que en lo personal me gusta mucho:

«Todo ser humano, si se lo propone,
puede ser escultor de su propio cerebro».

Descubrimientos de la neurociencia

Te comparto los siguientes descubrimientos que me ayudaron a mantener mi libertad. Es importante estudiar cada uno de ellos porque eso nos ayuda a colocar las bases que nos sostendrán para mantenernos firmes cuando regresemos al camino de la vida que tanto anhelamos.

1. **Nuestra mente es totalmente moldeable.**

¡Gracias a Dios por este descubrimiento! Antes se pensaba que el cerebro era como una máquina fija, pero ahora sabemos que puede cambiar y adaptarse. Esto significa que si aprendes algo nuevo o practicas una habilidad, las conexiones en tu cerebro cambian para ayudarte a mejorar. Incluso después de una lesión cerebral el cerebro puede reorganizarse para compensar el daño.

Este principio abrió la puerta para aprender nuevos caminos para sanar los recuerdos dolorosos. La neurociencia dice que el cerebro tiene también la capacidad de recuperarse de los pensamientos dañinos que hemos tenido por años. Sí se pueden olvidar los recuerdos dolorosos. Tu mente puede renovarse.

2. La capacidad regenerativa del cerebro dura toda la vida.

Una de las mejores investigaciones para mí es esta. El cerebro tiene una notable capacidad regenerativa, un fenómeno conocido como neuroplasticidad. A diferencia de lo que se pensaba antiguamente, el cerebro no es estático; tiene la capacidad de cambiar, adaptarse, y en cierta medida, regenerarse a lo largo de la vida. Y eso nos ayuda a tener esperanza. Ya nos dimos cuenta de que tenemos años con los mismos pensamientos destructivos, ahora sabemos que si los identificamos, los debilitamos y los renovamos, la mente se puede regenerar y regresar a estados de estabilidad emocional que habíamos perdido. ¡Ánimo, sigue adelante, tu mente está a punto de transformarse!

3. Crea y deshace conexiones neuronales.

El cerebro humano es extremadamente dinámico y tiene una capacidad poderosa para crear y deshacer conexiones. Este proceso es fundamental tanto para el aprendizaje como para la adaptación a nuevas experiencias y situaciones.

Dios le dio al cerebro la habilidad para crear nuevas

conexiones que nos ayuden a salir de la depresión, nuevos pensamientos de fe y de valor, y también poder para perdonar a los que nos dañaron; se le dio la capacidad de deshacer vínculos del pasado para que dejen de lastimarnos en el futuro, hay esperanza. Dios ya le dejó instrucciones a tu cerebro de renovarse, es cuestión de conocer lo maravilloso que es nuestro cerebro y su capacidad de recuperación.

4. Consolida vínculos neuronales ya existentes.

La repetición de experiencias positivas refuerza los vínculos neuronales. Cuanto más se repite una tarea o se repasa una información, se vuelve más fuerte en nuestro cerebro. Es como «entrenar» esas conexiones neuronales para que se mantengan fuertes y eficientes. Un ejemplo de este proceso es cuando alguien aprende a tocar un instrumento musical. Al principio, las conexiones neuronales son débiles, pero con la práctica, los movimientos y las habilidades se automatizan gracias a la repetida activación y refuerzo de esas conexiones. Pasa lo mismo en el área de nuestras emociones. Cuando usamos la repetición para recordar eventos agradables de nuestra vida o repetir promesas de Dios durante el día, nos puede ayudar a sostenernos durante temporadas difíciles.

5. El cerebro tiene «dos lados» que hacen labores diferentes.

El cerebro tiene dos mitades, llamadas hemisferios, y cada lado tiene funciones específicas. El lado izquierdo se encarga más del lenguaje y la lógica, mientras que el lado derecho se enfoca en cosas más creativas, como el arte y el reconocimiento de rostros. Eso nos ayuda a entender que todos somos diferentes y que todos tenemos diversas habilidades y por eso no debemos compararnos con otros. Somos únicos y vemos la vida de una manera diversa, diferente a como la ven otras personas. Unos son matemáticos, otros artistas, otros saben manejar herramientas mecánicas y otros pueden manejar los instrumentos digitales. Descubre tu pasión única aun en medio de los momentos difíciles.

6. El cerebro también siente dolor.

Sorprendentemente, el cerebro procesa el dolor emocional de forma similar al dolor físico. Por ejemplo, cuando te sientes rechazado o excluido, el cerebro activa áreas que también se activan cuando sientes dolor físico. Esto demuestra lo importantes que son nuestras relaciones para nuestra salud mental. Es por eso que la carga emocional cuando nos sentimos abandonados o rechazados es muy pesada y a nuestro cerebro le causa mucho dolor y lo deja en un estado frágil.

Dos herramientas emocionales y espirituales para sanar el dolor son el perdón y la bendición hacia las personas que nos han dañado. Inténtalo, es liberador.

7. Factores que favorecen la regeneración del cerebro a cualquier edad:

- **El ejercicio físico**

Mejora el flujo sanguíneo y aumenta la producción de factores que ayudan a enfrentar la vida con valor y que también favorecen la neuroplasticidad de nuestro cerebro.

- **Alimentación saludable**

Una dieta rica en vegetales, semillas y ácidos grasos, como el Omega 3, apoya la función cerebral y la neurogénesis (creación de nuevas neuronas). Y eso lo necesitamos lo más rápido posible.

- **Aprendizaje continuo**

Mantener el cerebro activo a través del aprendizaje de nuevas habilidades, como tocar un instrumento o aprender un idioma, fortalece las conexiones neuronales. Nos ayuda a salir de los ciclos tortuosos de la depresión.

- **Sueño adecuado**
  Durante el sueño el cerebro consolida la información y repara las conexiones neuronales.
- **Evitar el estrés crónico**
  El estrés prolongado puede afectar negativamente la capacidad del cerebro para regenerarse. Hay que evitarlo urgentemente.

¿CÓMO PODEMOS MOLDEAR NUESTRO CEREBRO?

1. **Adquiriendo nuevos conocimientos.**
   - Lee regularmente libros, artículos y revistas en áreas de tu interés, eso ampliará tu perspectiva y te brindará información constante.
   - Anímate a tomar cursos y talleres, ya sean en línea o presenciales.
   - Practica la curiosidad, haz preguntas y busca respuestas. La curiosidad es el motor del aprendizaje y te motivará a investigar más sobre temas que te llamen la atención.
   - Estudia en grupo o con un mentor. Compartir conocimientos y discutir temas con otras personas amplía tu perspectiva y facilita el aprendizaje.
   - Mantén una mente abierta. La disposición a explorar temas nuevos, salir de tu zona de confort y aceptar diferentes puntos de vista es esencial para adquirir conocimiento de forma continua.
   - Haz pausas y reflexiona. La reflexión permite digerir mejor la información y encontrar maneras de integrarla en tu vida.

2. **Cambiando hábitos.**
   - Define objetivos claros y pequeños. Cambiar un hábito en pasos pequeños facilita el proceso. Si el objetivo es amplio (como hacer ejercicio), empieza con metas pequeñas, como caminar diez minutos al día.
   - Identifica tus detonantes de desánimo. Observa qué situaciones o emociones activan el hábito que deseas cambiar y busca evitarlas o modificarlas.
   - Integra un nuevo hábito a una rutina que ya tienes (por ejemplo, meditar después de cepillarte los dientes), eso ayuda a que se vuelva automático.
   - Busca apoyo. Compartir tus metas con alguien o hacerlo en equipo puede motivarte a continuar. Tener un amigo o mentor puede ayudar a que te mantengas firme en el cambio.
   - Recompensa tus logros. Celebra cada pequeño avance y sé amable contigo mismo. Las recompensas ayudan a que tu cerebro asocie el hábito con algo positivo.
   - Sé flexible y persistente. Es normal fallar en algún momento, pero lo importante es no rendirse. Ajusta tus estrategias si es necesario y sigue intentándolo.

3. **Explorando nuevos pasatiempos.**
   - Haz una lista de cosas que te llaman la atención. Anota actividades, temas o habilidades que siempre te hayan parecido interesantes.
   - Investiga y comienza con lo básico. Lee artículos o busca videos sobre los hobbies que más te interesen. Esto te ayudará a tener una idea general y te dará confianza para empezar.
   - Prueba. Antes de hacer una gran inversión, intenta probar actividades con recursos gratuitos

o económicos, como tutoriales en línea, materiales básicos o clases introductorias.
- **Combínalo con algo que ya disfrutas.** Si te gusta el aire libre, prueba un pasatiempo como el senderismo o la fotografía en la naturaleza. Si disfrutas de la creatividad, intenta la pintura o la escritura. Esto facilita el comienzo y hace que sea más agradable.

4. **Conociendo nuevos lugares.**
- **Empieza localmente.** Muchas veces pasamos por alto lugares cercanos. Investiga sobre parques, museos, cafés o monumentos históricos en tu ciudad o región. Podrías descubrir rincones que no conocías.
- **Únete a tours o excursiones.** Los tours turísticos organizados son excelentes para conocer la historia y características especiales de un lugar sin preocuparse de la logística.
- **Viaja de manera espontánea.** Si tienes la oportunidad, elige un destino al azar o visita un lugar sin planear cada detalle. La espontaneidad puede llevarte a descubrir lugares sorprendentes.

PARA REFLEXIONAR

Todo esto parece abrumador mientras atraviesas los días oscuros llenos de tristeza y depresión. No te preocupes, no tenemos que ir de cero a cien en un día, puedes empezar con pequeños pasos de bebé, no hay prisa. Lo que tienes por delante es tu mejoría y bienestar.

Intenta poco a poco, empieza por lo que tú creas que es mejor para ti. Si te desanimas, vuelve a intentarlo, como un bebé que empieza a caminar. Muy pronto verás la luz de un nuevo día amaneciendo sobre ti.

Pero yo confío en ti oh Señor; digo: Tú eres MI DIOS mi futuro esta en tus MANOS

Salmo 31:14-15

PRINCIPIO 4

UN REGALO PARA MI MENTE CANSADA

CAPÍTULO 11:
**La Tabla de
Pensamientos Obsesivos**

CAPÍTULO 12:
**¿Cómo llenar la tabla
de pensamientos obsesivos?**

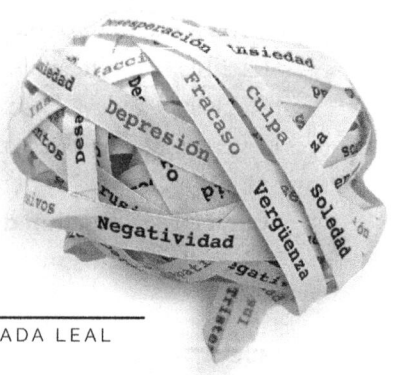

RE**NUEVA**TU**MENTE** | SERGIO MONCADA LEAL

PRINCIPIO 4

Un regalo para mi mente cansada

NOS TOCA AHORA explorar una herramienta que llegó a mis manos cuando más la necesitaba. Sentí que fue un verdadero regalo para mi mente cansada cuando lo recibí. Su nombre es **LA TABLA DE PENSAMIENTOS OBSESIVOS**. Esta es una herramienta fundamental en el tratamiento de la depresión y en la gestión de la ansiedad generada por pensamientos intrusivos. Su importancia nos ayuda en varios aspectos clave:

1. **Ayuda a la toma de conciencia.**
Ayuda a la persona a identificar y escribir sus pensamientos obsesivos, lo cual es el primer paso para tomar conciencia de los patrones mentales que le afectan. Al ponerlos por escrito, la persona puede ver con mayor claridad qué pensamientos la están perturbando.

2. **Ayuda a filtrar el pensamiento obsesivo.**
La tabla permite analizar la intensidad del pensamiento y cuestionar su validez. Esto promueve una reflexión crítica sobre la veracidad de los pensamientos, lo que nos ayuda a reducir la influencia de los pensamientos irracionales.

3. **Ayuda a la reducción de la ansiedad.**
Al colocar los pensamientos en una estructura

organizada, la persona puede confrontarlos de manera más objetiva. Esto reduce el impacto emocional y disminuye la ansiedad, ya que puede ver que muchas veces los miedos no tienen base real.

4. **Ayuda a fomentar el autocontrol.**

Usar la tabla proporciona una manera concreta de tomar el control sobre los pensamientos. La persona puede desafiarse a sí misma a no seguir con los rituales compulsivos, ayudando a interrumpir el ciclo de obsesión y compulsión. Este proceso refuerza la idea de que los pensamientos no deben gobernar las acciones.

5. **Ayuda a mejorar la autoestima.**

Con la práctica, la persona comienza a sentirse más capaz de manejar sus pensamientos y emociones. Esto aumenta la confianza en su capacidad para enfrentar y superar los síntomas obsesivos, lo que mejora el bienestar general.

Conclusión

La tabla de pensamientos obsesivos es una herramienta poderosa que me ayudó a tomar el control sobre mis pensamientos, a desafiar creencias irracionales y a reducir la ansiedad, lo que contribuyó significativamente a mejorar mi calidad de vida y mi bienestar emocional. Sé que te va a ayudar muchísimo. En los próximos dos capítulos te explicaré a detalle cómo llenarla para que sea de bendición para ti tanto como lo fue para mí.

CAPÍTULO 11

La tabla de pensamientos obsesivos

AL LLEGAR A ESTA SESIÓN en el taller presencial «Renueva tu mente», me gusta mencionar que esta es **«la cereza del pastel»**, queriendo decir que fue la última pieza para que mi transformación emocional se completara y pudiera salir del estado de muerte en el que mi mente me tenía.

Sentí que algo se quebró en mi esperanza cansada, mis ojos se abrieron con lágrimas, sorprendido de encontrar esta herramienta; mi mente con tantos pensamientos obsesivos compulsivos encontrarían un camino de libertad. ¿Y qué crees? Estoy superemocionado de poder compartirla contigo en este capítulo.

¿Recuerdas esa bola de ligas que se usa en las oficinas, amontonadas una encima de las otras hasta formar una pelota? Cuando me enfrentaba a todos esos pensamientos obsesivos en mi mente, los veía como esa gran bola de ligas y me preguntaba desesperado: **«¿Cuándo voy a terminar?»**.

Con mucho dolor emocional estoy escribiendo este ejemplo, porque sé que a muchos de ustedes les pasa lo mismo. Cuando empecé a trabajar con la tabla, aprendí que no podía enfrentarme a todos mis pensamientos obsesivos al mismo tiempo, pues terminaría más frustrado, pero podía tomar uno, pasarlo por la tabla y ver lo que pasaba. ¡Y WOW! Comprobé que algunos pensamientos empezaron a menguar. ¡NO LO PODÍA CREER!

El monstruo que por años me perseguía cada día se estaba desmoronando; literalmente escuchaba los candados romperse y veía como comenzaban a abrirse las puertas de la cárcel emocional. Comprendí que los pensamientos juntos se hacen fuertes, pero cuando los separas, les quitas fuerzas, y así pasó. Como un verdadero milagro.

Pensamiento por pensamiento. Es lento lo sé, pero vi que esto empezaba a ser muy efectivo. No podía enfrentarme con diez años de miseria emocional, pero podía enfrentarme con los pensamientos de hoy y eso empezó a quitar la niebla mental que me aprisionaba. **FUE LIBERADOR.**

¿QUÉ ES LA TABLA DE PENSAMIENTOS OBSESIVOS?

La Tabla de pensamientos obsesivos es una herramienta para ayudar a las personas a identificar, analizar y gestionar pensamientos repetitivos y angustiantes, comúnmente asociados con la ansiedad. Esta tabla permite registrar los pensamientos obsesivos de forma más estructurada, describiendo su contenido y la intensidad de la angustia que generan, así como el contexto en el que surgen.

Te llevaré por cada casilla de la tabla, así como yo la recibí. Vamos a ir columna por columna. Tendremos la oportunidad de escribir en cada paso los pensamientos obsesivos, lo que es verdad de ellos y lo que no es, y cómo te afectan emocionalmente sus mentiras. También te llevaré a la esperanza cuando llenemos la última columna con firmes promesas de Dios, que son las que te ayudarán a establecer tu libertad. Te daré un ejemplo de cómo llenarla para que puedas aprender a usarla, pero al final serás tú quien tendrá que trabajar con sus pensamientos obsesivos. Yo ya hice mi tarea y fui libre; ahora te toca a ti.

El objetivo es que desarrolles conciencia sobre tus patrones de pensamiento, reconociendo cuáles son irracionales o desproporcionados y los reemplaces por pensamientos de paz.

Este ejercicio fomenta la capacidad de tomar distancia de los pensamientos obsesivos, promoviendo una mayor claridad mental y una disminución de la ansiedad. Con práctica y paciencia, la tabla de pensamientos obsesivos puede ser una herramienta poderosa para reducir la intensidad y frecuencia de estos pensamientos y lograr una mejor salud mental.

En el siguiente capítulo te ayudaré con un ejemplo de cómo llenarla.

Te presento la Tabla de pensamientos obsesivos:

CASILLA 1	CASILLA 2	CASILLA 3	CASILLA 4	CASILLA 5
Pensamientos obsesivos	Mentiras agregadas	Verdad parcial	Verdad removida	Promesas olvidadas

• **Casilla 1: Pensamiento obsesivo**

En esta casilla, deberás escribir solo un pensamiento obsesivo, recuerda, solo uno. Anota un pensamiento persistente que te genere ansiedad o temor. Como ya hemos visto en el desarrollo de este libro, estos pensamientos pueden tratarse de temas variados, como miedos, dudas o preocupaciones excesivas. A menudo, tienes que trabajar en tu tabla con pensamientos que no puedes controlar, los que pueden llevarte a comportamientos compulsivos en un intento de aliviar la ansiedad.

Cuando yo aprendí a usar la tabla, me sugirieron que empezara con pensamientos no tan fuertes, para poder aprender a usarla y comprobar su efectividad, y así lo hice.

Lo que sucede en tu mente cuando escribes tus pensamientos obsesivos, es que te ayuda a organizar y clarificar tus ideas, disminuye la intensidad emocional de esos pensamientos y reduce la ansiedad. También puede facilitar la identificación de patrones y disparadores, permitiéndote abordar mejor tus temores. La escritura puede servir como una forma de liberación y autoconocimiento, ayudando a aliviar la carga mental.

Es muy importante que sepas que:

Entre más escribas, mayor libertad experimentarás.

Cuando inicié con este reto, te soy sincero, me daba mucho miedo escribir mis pensamientos, porque yo pensaba que si los escribía, se iban a convertir en realidad. Pero ocurrió todo lo contrario. Entre más escribía, encontraba más libertad.

- **Casilla 2: Mentiras agregadas**

A todo pensamiento obsesivo se le agregan entre diez o veinte mentiras agregadas. No estoy exagerando. Son como piedras que empiezan a caer dentro de tu zapato: cada paso que das es muy molesto. Incomodan tus emociones y sentimientos. Se juntan y le dan fuerza al pensamiento obsesivo. Comienzan como pequeños pájaros que revolotean alrededor de tu mente, pero terminan haciendo nido.

Trata de hacer memoria y apunta en esta casilla todas las mentiras que se le suman al pensamiento volviéndolo una máquina devastadora de tu bienestar. Escribe desde cosas aparentemente sin sentido hasta las que te imaginas con un final de muerte.

Lo que me di cuenta de las mentiras agregadas es que son como un ciclo interminable de ansiedad: pasas de una lista de mentiras a otra lista, y entonces es cuando aparecen la migraña y los dolores de cabeza. Tu mente no encuentra una salida para liberar el estrés y lo refleja con dolores en tu cuerpo. Me imagino que te ha pasado.

En esta casilla deberás anotar creencias falsas que aceptas como verdaderas debido a tu condición de debilidad emocional. Estas pueden incluir:

- *Creer que lo peor va a suceder en cualquier situación.*
- *No hay nada bueno en tu futuro.*
- *Pensar que uno es un fracaso o que no tiene valor.*
- *Sacar conclusiones basadas en un solo evento negativo.*
- *Generalizar ante una situación particular.*
- *Desde lo más sencillo hasta lo más catastrófico.*

Estas mentiras alimentan la ansiedad y empoderan al ciclo del pensamiento obsesivo, dificultando tu sanidad.

Al estar llenando mi tabla en la casilla de mentiras agregadas me di cuenta de cuánto escombro había en mi mente. No sabía que todas esas mentiras se podían agregar al temor. Fue muy revelador.

Fue como el efecto dominó, un solo pensamiento obsesivo, hacía caer muchas fichas de temor detrás de él.

Un solo pensamiento obsesivo gira y gira alrededor de muchas mentiras que lo fortalecen. Andamos en **«piloto** automático», perdemos la mirada para construir un montón de escenarios falsos llenos de mentiras que terminan por llenarnos de ansiedad y tristeza.

Al principio, cuando vi todas estas mentiras, me asusté, pero después se empezaron a debilitar. Esta es tu oportunidad, no pierdas más tiempo.

- **Castilla 3: Verdad parcial**
Una «verdad parcial» es una afirmación que contiene elementos de verdad, pero que es una verdad incompleta o negativa, **NO ES TOTAL**. Puede presentar solo ciertos aspectos de una situación, omitiendo información crucial que cambiaría la comprensión general. Este tipo de verdad puede dar lugar a malentendidos o a una percepción errónea de la realidad.

Una verdad parcial sería: *«Me despidieron de la empresa donde trabajo. Nunca estaré a la altura de los trabajos que me contratan. No sirvo para ningún trabajo».* La verdad completa es que la empresa donde estás trabajando está en crisis financiera a nivel global, y tu despido no tiene nada que ver con tu inteligencia o con el compromiso que has mostrado por años hacia la empresa. Que te hayan despedido es la mitad de la verdad, pero tu mente la hace una verdad total.

Hay una verdad en todo esto: **«Me despidieron»**, pero no está completa en tus razonamientos, porque no fue por tu culpa ni por tus habilidades que te despidieron. Lo que vamos a hacer con la tabla es que vamos a analizar esa verdad y la vamos a debilitar para poder renovarla.

Escribir en la casilla 3 me ayudó a debilitar el pensamiento obsesivo, quitándole su fuerza devastadora.

Te dejo algunas ideas para reflexionar:
1. Cuestiona. Investiga de dónde proviene la información.
2. Busca evidencia. Esto puede ayudarte a formarte una visión más completa.
3. Analiza lo que está alrededor de la verdad incompleta.
4. Reflexiona sobre tus creencias.
5. Habla con otros. Platica de tus pensamientos con alguien de confianza, otras perspectivas pueden darte nuevas ideas.

- **Casilla 4: Verdad removida**

Una **«verdad removida»** se refiere a una información buena de nuestra vida que la mente ha olvidado o ha removido, dejando solo la verdad parcial negativa fluyendo por nuestra mente.

Cuando una persona está pasando por depresión, normalmente olvida todo lo bueno que tiene como talentos, dones, fortalezas, competencias, habilidades, aptitudes y conocimientos. Los recuerdos negativos se vuelven muy fuertes y opacan todos tus recuerdos buenos. En esta casilla los vamos a desempolvar. No toda nuestra vida ha sido un desastre. Que ahora los tengas enterrados no quiere decir que no los tengas.

De eso se trata esta casilla, de que recuerdes todas las destrezas que han sido removidas de tu mente. **«182,500»** quiere decirte que no sirves para nada, que no vales, que no haces nada bien, que nunca vas a salir de esta, pero eso es una mentira.

Tienes muchas habilidades que por culpa de la depresión has dejado a un lado.

Escribe todas las que puedas, aunque luches en tu interior por un tiempo. ¡Tranquilo! También pase por eso.

Anota desde el tiempo de la escuela primaria, cuando mostrabas aptitudes de liderazgo o deportivas, también cómo hacías amigos con facilidad o aprendías una habilidad con rapidez. Cocinas riquísimo, sabes coser, eres bueno en las manualidades, pintas, enseñas, conduces, sabes de mecánica, lees mapas con destreza, sirves, eres paciente con los abuelitos, administras, sabes escuchar, das consejos, etc. Hay mucho que escribir. ¡Anímate! **No dejes que la tristeza arranque de tu vida todo la bueno que tienes.**

La casilla 4 me ayudó a regresar a pensar en todo lo bueno que había olvidado.

Recuperar habilidades y talentos que has perdido requiere un enfoque consciente y paciente. Aquí te dejo algunas ideas que seguí:
1. Toma tiempo para reflexionar sobre tus habilidades. Identifica cuáles eran tus talentos y cómo los usabas. Pregúntate qué te impidió seguir practicándolos.
2. Establece metas pequeñas. Comienza con objetivos alcanzables. Esto te ayudará a ganar confianza y motivación.
3. La práctica constante es clave. Dedica tiempo cada día o semana a trabajar en esas habilidades.
4. Busca sumarte a personas que compartan tus intereses o que puedan ofrecerte motivación.
5. Acepta el proceso. Reconoce que puede llevar tiempo y que es normal enfrentar desafíos. La perseverancia es fundamental.
6. Mantén una mentalidad de esperanza. Recuerda que el camino hacia la recuperación de tus habilidades puede ser diferente para cada persona, así que sé amable contigo mismo en el proceso.

Cuando le enseño a mis estudiantes a llenar la tabla les pido que piensen en el contraste que hay entre las **«mentiras agregadas»** (casilla 2) y la **«verdad removida»** (casilla 4). Si te fijas, normalmente sucede que escribimos muchas mentiras agregadas en la casilla 2, pero cuando nos toca escribir acerca de nuestros talentos y habilidades en la casilla 4, solo escribimos uno o dos. Aquí es donde les pido que exageren, que no se limiten. Di conmigo:

«¡Basta, ya fue suficiente!»

Vamos juntos a regresar al camino de la vida escribiendo todo lo que puedas en la **«verdad removida»** y comprobarás que tienes mucho que dar a las personas a tu alrededor. Tu futuro estará marcado por la esperanza. La gente se va a sorprender cuando vean que estás enfrentando tus desafíos de una manera diferente.

- **Casilla 5: Promesas olvidadas**

En esta casilla deberás apuntar todas las promesas de Dios que has olvidado. Existen en la Biblia suficientes versículos para cada pensamiento obsesivo. Hay una extensa variedad de ellos en temas como:
- *La presencia de Dios en medio de las tormentas.*
- *Sanidad.*
- *Restauración.*
- *Provisión.*
- *Paz.*
- *Salvación.*
- *Liberación.*
- *Temas familiares.*
- *Finanzas... ¡y muchos más!*

Cuando cimientas tus pensamientos en las verdades eternas, pondrás tu confianza en Dios y sentirás una liberación restauradora. ¡Cuánto tiempo perdí al desconocer el amor de Dios y cuánto él estaba interesado en mi bienestar! Basar tu vida en las promesas de la Biblia puede tener un impacto profundo en tu forma de pensar, sentir y actuar. Puede influir en tu mentalidad, tus valores y tu enfoque hacia los desafíos de la vida. Aquí te quiero dejar lo que sucedió en mi mente: Me dio un sentido de esperanza y propósito. Las promesas de la Biblia suelen ofrecer esperanza, consuelo y una sensación de que hay un propósito mayor detrás de las circunstancias de la vida. Esto puede ayudarte a mantener una visión amplia incluso en tiempos difíciles, ya que te sientes apoyado por el Dios de amor.

La confianza en las promesas divinas, como el hecho de que Dios estará conmigo en los momentos difíciles —*«No te dejaré ni te desampararé»*. (Deuteronomio 31:6)—, me dio un sentido de seguridad emocional. Saber que no estás **«solo»** puede disminuir la ansiedad y aumentar la sensación de paz interna.

Las promesas de la Biblia influenciaron la forma de mi toma de decisiones cotidianas. Ahora podía ser guiado por valores como el amor al prójimo, la misericordia, la honestidad y la justicia.

Muchos textos bíblicos promueven la resiliencia, como las promesas de que Dios te dará fuerzas para superar las pruebas: *«Todo lo puedo en Cristo que me fortalece»* (Filipenses 4:13). Esto me ayudó a ser más resistente frente a las adversidad, alentándome a no rendirme.

A medida que me enfocaba en las promesas bíblicas pude experimentar un cambio en mi mentalidad hacia una mayor gratitud, humildad, perdón y amor. La meditación sobre estos principios puede ayudarte a transformar actitudes negativas o destructivas en una mentalidad más positiva y sana.

Mi mente encontró paz cuando decidí unirme al propósito de Dios, con una relación diaria y mi corazón rendido a los pies de Jesús.

EN RESUMEN

Cuando juntes las **casillas 1, 2 y 3** harás una bomba atómica emocional. Estarás encaminándote hacia una verdadera crisis de ansiedad. Cuando pasas tiempo en las tres primeras casillas harás de tu vida una vida miserable. **«182,500»** será el amo y señor de tus emociones y de tu destino.

Sin embargo, si despiertas tu espíritu para reflexionar todos los días en las **casillas 4 y 5;** recuperarás el camino hacia la vida abundante que Dios te ofrece. Jesús será tu Señor y podrás poner en sus manos tu vida y tu eternidad.

No será fácil. Pero vale la pena intentarlo.

ÚLTIMAS PALABRAS

Cuando empecé a trabajar con la Tabla no sabía todo lo que mi cerebro estaba a punto de hacer. Cuando desarrollas cada casilla, lo que estás haciendo es trabajar con los surcos neuronales; por un lado, se debilitan los surcos destructivos que nos llevan a la depresión cuando escribimos en las primeras tres casillas. Por el otro lado, cuando apuntas en las siguientes dos casillas, se construyen nuevas carreteras neuronales de esperanza.

Y aquí sucede el milagro divino que la ciencia ha llamado neuroplasticidad cerebral, la capacidad de la mente para reorganizarse, adaptarse y formar nuevas conexiones neuronales a lo largo de la vida. Esta propiedad permite que el cerebro se ajuste a nuevas experiencias, aprenda habilidades nuevas y se recupere del pasado. Y todo eso sucede cuando te sientas a escribir la Tabla de pensamientos obsesivos.

Cuando trabajas en la Tabla de pensamientos obsesivos creas el ambiente para sanar.

Para reflexionar

- *La Tabla de pensamientos obsesivos ha sido una verdadera bendición para mi vida. Aprende a usarla, tómate el tiempo para escribir y sentirás una alivio emocional increíble.*
- *No tengas miedo de escribir. Cuando escribes, atrapas pensamientos escondidos en los cajones de tu memoria. Entre más escribas, mayor libertad experimentarás.*
- *Recuerda usar una libreta privada para que puedas apuntar todo lo que se te venga a la mente sin temor a que alguien la vea.*
- *Si puedes, pon algo de música suave instrumental mientras llenas tu Tabla.*
- *Empieza poco a poco, no te desesperes. Da pasos de bebé. No tienes que avanzar rápido.*
- *Mientras caminas en las verdades eternas, deja que Dios te rescate del foso de la desesperación y estabilice tu vida y tus emociones.*

«Me sacó del foso de desesperación, del lodo y del fango. Puso mis pies sobre suelo firme y a medida que yo caminaba, me estabilizó».
Salmo 40:2.

CAPÍTULO 12

Cómo llenar la tabla de pensamientos obsesivos

EL CASO DE MARIO:

EN MEDIO DE UNA SESIÓN de conferencias se me acercó Mario, un hombre con el rostro lleno de preocupación. Cuando empezó a platicarme sus temores más recurrentes, me pareció resaltante la historia de su familia.

Con tono frágil me comentó que su abuelo murió a los cincuenta y dos años y que su papá también había fallecido a los cincuenta y dos años. Cuando me platicaba su historia, ya me imaginaba yo hacia dónde estaba dirigiéndose, y cuando le hice la siguiente pregunta, lo confirmé:

—¿Qué edad tienes Mario? —le pregunté.

—Cincuenta y un años —me respondió, buscando un consejo de mi parte.

—Cuéntame qué piensas —continué.

—Pues… si tengo cincuenta y un años, y al ver los patrones familiares, el próximo año me toca morir —me respondió moviendo su cabeza, afirmando sus pensamientos.

Mario estaba seguro que el siguiente año sería el de su muerte. ¿Te puedes imaginar lo que estaba pasando por su mente? Él había generado un patrón de pensamientos de muerte, el cual le aseguraba que él era el siguiente en la lista. Te invito a reflexionar un poco en cómo será el año cincuenta y dos de Mario. Es muy probable que estará muy preocupado esperando el día de su muerte, perdiendo así la capacidad de disfrutar la vida y las bendiciones diarias.

Actividad:

Piensa en lo que hemos aprendido en este libro: ¿Qué consejo le darías a Mario?

En mi caso

Tengo más de veinte años usando esta herramienta, y aunque muchas veces hago un recorrido mental de la Tabla cuando algún pensamiento me está molestando, otra veces tengo que sentarme, tomar mi diario y escribir tanto como pueda para poder atrapar al pensamiento que me está llevando a estados de preocupación.

Aunque ningún pensamiento ha llegado a 182,500 de nuevo, tengo que mantenerme al cuidado de mi salud mental. Ahora tengo las riendas de mi mente.

Un ejemplo:

Me gustaría platicarte un pensamiento que trató de arraigarse en mi mente. Un día fui con Paula, mi hija menor, a pasar la tarde a la piscina de la colonia. Ella estaba jugando con una amiguita que conoció allí; corrían y brincaban por todos lados, divirtiéndose. De repente, volteé hacia la alberca y no vi a Paula. Rápidamente, brinqué de mi silla para acercarme a la piscina… y Paula salió asustada y llorando del fondo de ella. Sin perder más tiempo, me arrojé, con ropa y todo, para sacarla.

Gracias a Dios no pasó nada grave, solo el susto de ella y el mío. Pero no me percaté de lo que estaba por venir. Mi mente empezó a hacer su trabajo haciéndose preguntas y construyendo novelas mentales falsas. **«¿Qué si no me hubiera dado cuenta?, ¿qué si no hubiera salido con vida?, ¿qué le diría a mi esposa? ¿qué hubiera pasado si…?»**. De tal manera que dejé de dormir, atormentado con los pensamientos que se estaban convirtiendo en obsesivos.

Sabía que si no hacía algo con este pensamiento, se podría convertir en un verdugo de mi felicidad. No tardé mucho en sentarme y escribir en la Tabla de pensamientos obsesivos para debilitar las ideas falsas que me atormentaban. Tenía a Paula en mis brazos, pero el pensamiento me hacía creer que no. Así de importante es este capítulo para mí.

Resumen de la tabla de pensamientos obsesivos

Es una herramienta poderosa para ayudar a las personas a identificar, comprender y gestionar los pensamientos repetitivos que lastiman. Usar la Tabla nos permite:

- **Identificar pensamientos obsesivos.**
- **Reconocer las emociones que estos nos provocan.**
- **Debilitar el pensamiento erróneo.**
- **Recordar los dones, habilidades y talentos que habíamos hecho a un lado.**
- **Hacer nuevas carreteras neuronales de fe.**

A continuación quiero darte un ejemplo de cómo llenar la tabla usando el caso de Mario del que hablé al principio. Cuando yo empecé a explorar la Tabla, te confieso, batallé un poco para escribir en ella, pero poco a poco solté mi mano para llenarla de todas las cosas negativas que se desbordaban en mi mente. No te preocupes si al principio no escribes mucho, vuelve a intentarlo; estoy seguro que va a producir en ti el mismo efecto liberador que produjo en mí.

Casilla 1

Recuerda que en la casilla 1, debemos colocar solo un pensamiento obsesivo, en este caso, usaremos el pensamiento que Mario tenía, para ayudarnos a entender el poder de la Tabla de pensamientos obsesivos, buscaremos la manera de debilitarlo para poderle quitar su fuerza y terminar el proceso de transformación colocando una promesa de esperanza que nos ayude a renovar nuestra mente y nos haga regresar al camino de la vida.

TABLA DE PENSAMIENTOS OBSESIVOS

CASILLA 1	CASILLA 2	CASILLA 3	CASILLA 4	CASILLA 5
Pensamientos obsesivos	Mentiras agregadas	Verdad parcial	Verdad removida	Promesas olvidadas
Me voy a morir				

Mario estaba seguro de que iba a morir. Por eso pondremos **«Me voy a morir»** como pensamiento obsesivo o recurrente.

Casilla 2

En la casilla 2, **«Mentiras agregadas»**, deberemos apuntar todas las mentiras que se le sumen al pensamiento obsesivo, para que te puedas dar cuenta de todos los **«primos**

hermanos» que se le pegan al pensamiento obsesivo. Normalmente empiezan desde pensamientos **«inofensivos»**, pero terminan fortaleciéndolo y convirtiéndolo en un verdadero dolor de cabeza.

No exagero cuando te digo que debes escribir entre diez o veinte mentiras agregadas. Recuerda que entre más escribes, mayor libertad experimentarás. En este caso, agregaremos pensamientos como:

- **Sigo yo en morir.**
- **Me va a venir una enfermedad repentina.**
- **Terminaré en silla de ruedas.**
- **Dejaré sola a mi familia.**
- **Me van a despedir del trabajo**
- **No tendré con qué pagar los gastos.**

Y así continúa nuestra lista del terror, hasta vernos muertos y sin esperanza. Lo que está haciendo nuestra mente es reforzar el poder del pensamiento obsesivo, llevándolo a dominar nuestras emociones y nuestro destino.

TABLA DE PENSAMIENTOS OBSESIVOS

CASILLA 1 Pensamientos obsesivos	CASILLA 2 Mentiras agregadas	CASILLA 3 Verdad parcial	CASILLA 4 Verdad removida	CASILLA 5 Promesas olvidadas
Me voy a morir	Sigo yo en morir.			
	Me va a venir una enfermedad repentina.			
	Terminaré en silla de ruedas.			
	Dejaré sola a mi familia.			
	Me van a despedir del trabajo			
	No tendré con qué pagar los gastos.			

Cuando yo empecé a trabajar en la Tabla, lo primero que sucedió fue que me volví consciente de todas las mentiras que se unían al pensamiento, haciéndolo una fortaleza indestructible; entonces, entre más escribía, más sentía que el camino hacia la liberación se hacía más claro.

Casilla 3

En el caso de Mario, era verdad que su abuelo y su padre habían muerto a los cincuenta y dos años, pero lo que no podemos definir como una verdad total era que él también moriría a la misma edad. No había manera de asegurarlo, pero Mario ya lo daba como un hecho.

Dentro de la casilla 3, escribiremos las verdades parciales (no totales) del pensamiento obsesivo. Esto nos ayuda a debilitar el poderío del pensamiento obsesivo y lo deja débil, listo para ser renovado con esperanza. Permíteme ayudarte a entender mejor esto a través de un ejemplo de **«verdades parciales»**:

- **Voy a morir.** (Colocar esta verdad es importante porque sabemos que todos vamos a morir, pero eso es solo una verdad parcial, porque la otra parte de la verdad es que nadie, absolutamente nadie, conoce el día de su muerte).
- **Siento dolor en el cuerpo.** (Otra vez sucede lo mismo, todos tenemos un cuerpo delicado y reaccionamos a los cambios de temperatura, a la mala alimentación y a otros factores; que sientas dolor en el cuerpo no significa que te vas a morir. Entonces es una verdad parcial).
- **Me siento cansado todo el tiempo.** (Que te sientas cansado no quiere decir que tengas un diagnóstico de muerte).
- **No tengo seguro médico.** (Tal vez tengas seguridad social).
- **Mi familia depende de mí.**

TABLA DE PENSAMIENTOS OBSESIVOS

CASILLA 1	CASILLA 2	CASILLA 3	CASILLA 4	CASILLA 5
Pensamientos obsesivos	Mentiras agregadas	Verdad parcial	Verdad removida	Promesas olvidadas
Me voy a morir	Sigo yo en morir. Me va a venir una enfermedad repentina. Terminaré en silla de ruedas. Dejaré sola a mi familia. Me van a despedir del trabajo. No tendré con qué pagar los gastos.	Voy a morir. Tengo dolor en el cuerpo. Me siento cansado todo el tiempo. No tengo seguro médico. Mi famila depende de mi		

Si revisas lo que escribimos en la casilla 3, todas esas son verdades, pero son verdades parciales, no son totales. Entonces, cuando tu mente gira alrededor de los pensamientos obsesivos, las mentiras agregadas y las verdades parciales, vivirás en un verdadero torbellino de emociones negativas destructivas que te llevará constantemente por crisis de ansiedad. Hay que salir de ahí urgentemente.

Casilla 4

La «**verdad removida**» es aquella verdad positiva que hemos olvidado en medio de la depresión y la tristeza. Cuando caemos en el laberinto de las emociones oscuras, tendemos a olvidar lo bueno que Dios nos ha dado: exageramos los eventos negativos y dejamos a un lado los dones y talentos que tenemos, y olvidamos las habilidades que hemos desarrollado. Muchas veces terminamos concluyendo que no servimos para nada.

En esta casilla vamos a apuntar todas esas habilidades que se nos han olvidado. Puedes hablar de cosas del presente o del pasado, cosas que antes hacías bien o cosas que estás aprendiendo o desarrollando el día de hoy. Si las mentiras agregadas son muchas, ahora busca la manera de exagerar en las cosas que haces o has hecho bien. No tienes una idea de lo que esto va a producir en tu mente. Claro, al principio tal vez va a ser un poco difícil, porque muchas veces las tenemos muy enterradas, pero vamos a desenterrarlas en el nombre de Jesús.

Te pongo un ejemplo de la casilla cuatro:

TABLA DE PENSAMIENTOS OBSESIVOS

CASILLA 1	CASILLA 2	CASILLA 3	CASILLA 4	CASILLA 5
Pensamientos obsesivos	Mentiras agregadas	Verdad parcial	Verdad removida	Promesas olvidadas
Me voy a morir	Sigo yo en morir.	Voy a morir.	Hoy tengo salud. (No me he muerto, estoy bien).	
	Me va a venir una enfermedad repentina.	Tengo dolor en el cuerpo.		
	Terminaré en silla de ruedas.	Me siento cansado todo el tiempo	No me ha pasado nada.	
	Dejaré sola a mi familia.	No tengo seguro médico	Hay personas que me pueden ayudar.	
	Me van a despedir del trabajo	Mi familia depende de mi	Mi familia está bien.	
	No tendré con qué pagar los gastos.		Normalmente soy fuerte.	
			He ido al doctor y todo está bien.	
			Me gusta salir a caminar.	
			Puedo cambiar mi alimentación	

- **Hoy tengo salud. (No me he muerto, estoy bien).**
- **No me ha pasado nada.**
- **Hay personas que me pueden ayudar.**
- **Mi familia está bien.**
- **Normalmente soy fuerte.**
- **He ido al doctor y todo está bien.**
- **Me gusta salir a caminar.**
- **Puedo cambiar mi alimentación.**

Casilla 5

Es el momento para las **«promesas olvidadas»**. (En el último capítulo del libro, te dejé una lista de promesas que he descubierto en la Biblia.) Aunque crecí en una familia no muy religiosa, reconocí mi necesidad de Dios en el proceso de recuperación y eso fue lo que me ayudó a sostenerme. Tenía un vago conocimiento de Dios, pero ahora me lanzo a los pies de Jesús cada mañana para rendir mi corazón. **O buscaba a Dios o me moría.**

Entonces, en este caminar, he aprendido muchos versículos bíblicos que me han ayudado a transformar mis pensamientos obsesivos, los cuales estaban llenos de fracaso, soledad y muerte. Y me di cuenta de que la Biblia está repleta también de promesas de victoria y de vida abundante que Dios le ha prometido a los que le buscan. **¿Por qué seguir en las arenas movedizas de mis pensamientos obsesivos? ¿Por qué no cambiar de bando y pasarme a las inconmovibles promesas eternas del Dios misericordioso? ¿Por qué no empezar a construir un futuro lleno de esperanza?**

Mira lo que dice el Salmo 40:2: *«Me sacó del foso de desesperación, del lodo y del fango. Puso mis pies sobre suelo firme y a medida que yo caminaba, me estabilizó».* Me siento identificado con el autor de este salmo porque yo también me sentía en el foso de la desesperación, pero cuando empecé a caminar en el suelo firme de las promesas de Dios, sentí como mis emociones, mis pensamientos y mi alma comenzaron a estabilizarse. Y eso también te puede pasar a ti hoy mismo.

Cuando decides caminar en la casilla 5, tu mente encuentra seguridad y te adentras en el ambiente de fe y de esperanza, donde cualquier cosa puede suceder. Un día, cuando Marta había perdido a su hermano Lázaro, Jesús le dijo: «*¿No te dije que si crees, verás la gloria de Dios?*» (Juan 11:40). Estoy seguro de que vas a ver la gloria de Dios en este proceso difícil. Anímate y empieza a escribir.

TABLA DE PENSAMIENTOS OBSESIVOS

CASILLA 1	CASILLA 2	CASILLA 3	CASILLA 4	CASILLA 5
Pensamientos obsesivos	Mentiras agregadas	Verdad parcial	Verdad removida	Promesas olvidadas
Me voy a morir	Sigo yo en morir.	Voy a morir.	Hoy tengo salud. (No me he muerto, estoy bien).	«No moriré, sino que viviré para contar lo que hizo el Señor». Salmos 118:17.
	Me va a venir una enfermedad repentina.	Tengo dolor en el cuerpo.		
		Me siento cansado todo el tiempo.	No me ha pasado nada.	
	...minaré en sil... de ruedas.			«He aquí que yo les traeré sanidad y medicina; y los curaré, y les revelaré abundancia de paz y de verdad». (Jeremías 33:6).
	Dejaré ... a mi familia.	No tengo seguro médico	Hay personas que me pueden ayudar.	
	Me van a despedir del trabajo	Mi familia depende de mi	Mi familia está bien.	
	No tendré con qué pagar los gastos.		Normalmente soy fuerte.	
			He ido al doctor y todo está bien.	«Mas él herido fue por nuestras rebeliones, molido por nuestros pecados; el castigo de nuestra paz fue sobre él, y por su llaga fuimos nosotros curados». (Isaías 53:5)
			Me gusta salir a caminar.	
			Puedo cambiar mi alimentación	

En este ejemplo puse tres versículos, pero hay otros más que pueden ayudarte si tienes pensamientos de muerte.

«He aquí que yo les traeré sanidad y medicina; y los curaré, y les revelaré abundancia de paz y de verdad».
Jeremías 33:6.

«Mas él herido fue por nuestras rebeliones, molido por nuestros pecados; el castigo de nuestra paz fue sobre él, y por su llaga fuimos nosotros curados».
Isaías 53:5.

«No moriré, sino que viviré para contar lo que hizo el Señor».
Salmos 118:17.

Ahora imagina tu día si desde la mañana amaneces reflexionando en estos pasajes bíblicos. ¿Cómo cambiaría tu vida si en vez de vivir revolcándote en el cajón de las miserias emocionales, dedicas tu vida a vivir en las promesas de Dios que no tienen caducidad?

¡Tu vida cambiaría para siempre!

ÚLTIMAS PALABRAS

Cuando Dios quiso decirle a Abraham lo grande que iba a ser su descendencia aun siendo de edad avanzada y sin hijos, le pidió que saliera por la noche de su cuarto y volteara hacia el cielo oscuro y viera la cantidad de estrellas en el firmamento celestial.

*«Entonces el Señor llevó a Abram afuera y le dijo:
Mira al cielo y, si puedes, cuenta las estrellas.
¡Esa es la cantidad de descendientes que tendrás!».
Génesis 15:5.*

Dios estaba usando el poder de la imaginación en Abraham, abriendo su mente y el panorama de su destino. Dios amplió la visión de un hombre débil —y tal vez con una fe limitada— para convertirlo en el padre de la fe. Un cambio impresionante.

*«Y Abram creyó al Señor, y el Señor lo consideró
justo debido a su fe».
Génesis 15:6.*

Eso es lo que Dios hará en tu vida con cada promesa que estarás apuntando en tu Tabla de pensamientos obsesivos; tu percepción de tu pasado cambiará para bien, tu presente estará lleno de fe, y tu futuro, cubierto de esperanza.

**Cuando involucras a Dios en tu proceso
de sanidad, él vendrá a ayudarte.**

Al apóstol Pablo también le tocó recordar en sus cartas la fe de Abraham cuando escribió:

*«Abraham siempre creyó la promesa de Dios sin vacilar.
De hecho, su fe se fortaleció aún más
y así le dio gloria a Dios».
Romanos 4:20.*

Aférrate a lo que Dios te ha prometido y usa tu imaginación para ver todo lo que Dios está a punto de hacer en tu vida. Ya no le permitas a tu mente regresar a los escenarios falsos de derrota y soledad. Dios está contigo. Que la gente se sorprenda del cambio impresionante que va a ver en tu vida. Vivir en la casilla 5, te llevará a la vida abundante que Dios te prometió.

¡Qué tremenda diferencia hay entre la casilla uno y la cinco!

PARA REFLEXIONAR

- *Aprender a llenar la Tabla de pensamientos obsesivos traerá paz a tu corazón cansado.*
- *Entre más escribas, mayor libertad experimentarás. Recuerda que no debes tener temor a escribir todo lo que pasa por tu mente.*
- *Empieza con un pensamiento obsesivo a la vez. Sentirás una mejoría increíble.*
- *No olvides tener una libreta privada para que escribas cosas que no quieras que otros vean.*
- *Cuando aprendí a llenar mi Tabla, fui libre. Que así suceda contigo. La recuperación de tu salud mental está a punto de suceder. Ánimo.*
- *Si quieres enviarme tu Tabla llena para revisarla, mándame un correo a:* **contactoconsergio@gmail.com** *o escanea el siguiente código QR y con gusto te puedo ayudar.*

PRINCIPIO 5

VIVÍ PARA CONTARLO

CAPÍTULO 13:
Dos historias de esperanza

CAPÍTULO 14:
Mi mente puede sanar

RE**NUEVA**TU**MENTE** | SERGIO MONCADA LEAL

PRINCIPIO 5

Viví para contarlo

LA DEPRESIÓN es una batalla que afecta a millones de personas en todo el mundo, y para mí no fue diferente. A lo largo de los años viví atrapado en un ciclo de pensamientos oscuros, agotamiento emocional y una sensación de desesperanza constante. La lucha diaria parecía interminable, pero también fue el principio de un profundo viaje hacia la comprensión y la liberación.

La victoria sobre la depresión no llegó de inmediato ni de manera sencilla. Fue el resultado de pequeños pasos que hemos explorado en este libro. Poco a poco comencé a recuperar el camino de la vida, a redescubrir mi propósito y a entender que la depresión, aunque poderosa, no define quién soy.

Hoy, al mirar atrás, veo que la verdadera victoria no fue solo superar los momentos oscuros, sino encontrarme con el Salvador cara a cara. La depresión, aunque es parte de mi pasado, ya no controla mi presente. Mi historia es ahora un testimonio de fe, de la capacidad de salir adelante, incluso cuando el camino parece no tener fin.

Viví para contarlo. Ahora puedo gritarlo y me he comprometido con Dios para ayudar a tanta gente como pueda.

Entramos en el **Principio 5,** la recta final de nuestro libro. Aprenderás en los siguientes dos capítulos a reforzar lo que hemos estado trabajado desde el principio. Por un lado, quiero ser claro y muy repetitivo en cuanto a la palabra más escrita en este libro: **esperanza,** y por otro lado, vamos a ver todo un capítulo completo acerca de cómo tu mente tiene una poderosa capacidad para sanar. ¡Que lo disfrutes!

**«Me has mostrado el camino de la vida,
me has llenado de alegría con tu presencia,
y con el placer de vivir contigo para siempre».
Salmo 16:11**

CAPÍTULO 13

Dos historias de esperanza

PRIMERA HISTORIA

NOS PERCATAMOS que a nuestras reuniones asistía una mujer sola, con el rostro duro y lleno de dolor. Tenía algunas sesiones viniendo y nos llamó la atención que siempre colocaba sus pertenencias en la silla de al lado, no permitiendo que nadie se sentara ahí, argumentando que ese lugar era para su esposo. Todos respetaban ese lugar para él, sin saber todo lo que había detrás de esa situación.

Nos acercamos a platicar con ella, después de algunas semanas, pues nos sorprendía que el esposo nunca aparecía. Tratando de tener cuidado de sus emociones frágiles, le preguntamos por su esposo. Con voz temblorosa y lágrimas en los ojos, nos contó toda la verdad.

—Hace algunas semanas traté de quitarme la vida —nos comentó—. Una noche acosté a mis dos hijos pequeños, dejé abierta la perilla de gas de la estufa y también yo me fui a dormir para morir con el gas, siguió diciendo.

Seguí escuchando, asintiendo con la cabeza. Ella continuó:

—Mi esposo nos dejó cuando se fue con otra mujer y he quedado devastada en mi corazón. Hemos quedado en la ruina y perdí el deseo de vivir. Esa noche, desesperada, nos acostamos para ya no existir más, ya que cada minuto de mi vida estaba lleno de dolor ¡y ya no aguanto más!

¿Te puedes imaginar lo que estaba sintiendo en mi corazón cuando escuchaba todo eso? *«Tantas historias que hay detrás de las personas»*, me dije. Seguro cada persona que está leyendo este libro tendrá la suya que contar.

—Cuando llegó el amanecer —siguió contando la mujer—, vi una luz en mi ventana, pensando que era la luz del túnel de la muerte, pero no. Abrí bien mis ojos y me percaté de que estaba en mi pequeño cuarto. Rápidamente fui corriendo a la otra habitación a ver a mis hijos, y por un milagro, todos estábamos bien.

Ella siguió narrándonos su historia y nos platicó que cuando fue a revisar el tanque de gas en el pasillo lateral de su humilde hogar, este se había quedado vacío. Dios cambió los planes de la mujer. Ella quería muerte, pero Dios le dio una nueva oportunidad de vivir. Entendió que, de alguna manera, Dios les estaba brindando la alternativa para seguir adelante. Entonces comenzó a venir a nuestras reuniones. ¿Sabes qué es lo más increíble de la historia? Un día ella quitó sus pertenencias de la silla del lado para darle lugar al esposo que, arrepentido, regresaba a casa con la familia.

Me imagino que debes de estar pasando por situaciones muy difíciles, pero así como esta mujer recibió un toque de Dios para seguir adelante, que así este libro se convierta en ese toque de Dios para tu corazón herido. Escucha su voz cuando te dice: **«Sigue adelante, abriré camino en la sequedad. No desmayes».**

El profeta Daniel escribió estas lindas palabras: *«No tengas miedo, dijo, porque eres muy precioso para Dios. ¡Que tengas paz, ánimo y fuerza! Mientras me decía estas palabras, de pronto me sentí más fuerte y le dije: Por favor, hábleme, señor mío, porque me has fortalecido».* Daniel 10:19.

Mientras Daniel estaba pasando por el momento más difícil de su vida, Dios envió un mensajero con unas palabras muy significativas para el:
- **No temas.**
- **Eres muy precioso para Dios.**
- **Ten paz.**
- **Ten ánimo.**
- **Ten fuerza.**

Hoy puedes hacer este mensaje parte de tu vida, como la mujer de nuestra historia. Escríbelo en tu diario y hazlo tuyo.

Segunda historia: El endemoniado gadareno

Hay otra historia que me gusta platicar con los participantes del taller **«Renueva tu mente»**, porque ilustra la vida de un hombre perdido completamente en sus emociones, pero para quien repentinamente apareció Jesús en escena, haciendo que esta se convierta en una historia conmovedora del amor de Dios manifestado a una vida totalmente destruida.

La Biblia describe a este hombre viviendo en los sepulcros, desnudo, lejos de su casa; tenía tanta fuerza que rompía las cadenas con las que lo trataban de sujetar. En su encuentro con Jesús, tuvo una plática interesante y el Maestro tomó la decisión de hacerlo libre de las legiones de demonios que habitaban dentro de él.

Cuando la gente curiosa del pueblo salió a ver lo que estaba pasando, ya Jesús había hecho un milagro de restauración. Esto es lo que la Biblia registra:

«Y salieron a ver lo que había sucedido; y vinieron a Jesús, y hallaron al hombre de quien habían salido los demonios, sentado a los pies de Jesús, vestido, y en su cabal juicio; y tuvieron miedo». Lucas 8:35.

Veo tres cosas escondidas en este versículo que me dieron fe en el poder transformador de Jesús:

1. Encontraron a los pies de Jesús a este hombre «sin remedio».

Cuando una persona está a los pies de Jesús es porque está escuchando sus palabras. Lo primero que hizo Jesús fue reparar su área espiritual, ahora este hombre tenía un nuevo deseo de estar con él.

Cuando encontré una nueva vida espiritual, no dejaba de leer la Biblia, tenía un gran deseo de cantarle a Dios siempre y de seguir creciendo. Pronto me identifiqué con el endemoniado gadareno, un hombre sin esperanza que había encontrado una nueva vida en Jesús.

Aprender a estar a los pies de Jesús:
- **Es humildad y adoración.**

En la Biblia, a menudo se describe el postrarse a los pies de Jesús como un acto de reverencia y adoración, reconociendo su grandeza y su poder. Estar a los pies de Jesús significa la disposición de rendirse ante él, buscando su dirección y su gracia.

- **Es escuchar y aprender.**

En algunos pasajes, como el de María y Marta (Lucas 10:38-42), María se sienta a los pies de Jesús para escuchar sus enseñanzas. Estar a los pies de Jesús también implica una actitud de disposición para aprender y recibir sabiduría espiritual.

- **Arrepentimiento y búsqueda de perdón.**

En otros relatos bíblicos, las persona se acerca a los pies de Jesús buscando perdón y sanidad. Estar a sus pies refleja un deseo de reconciliación y el reconocimiento de la necesidad de su gracia y misericordia.

2. Lo encontraron vestido.

¡Qué tremendo! Al hombre que había estado desnudo por años ahora lo encontramos con ropa. Jesús estaba cubriendo la vergüenza de su desnudez. Lo que Jesús hizo fue cubrir la vergüenza de su pasado. Jesús ofreció perdón y restauración, así como libertad de todos los sentimientos de culpa, remordimiento y deshonra que este hombre venía cargando a causa de las malas acciones o decisiones de su vida pasada. Jesús estaba reparando su área del pasado para que pudiera correr hacia los propósitos de Dios.

Cuando llegué a los pies de Jesús, era mi pasado el que me acusaba de día y de noche, pero cuando me identifiqué con esta historia pude recibir el perdón y la restauración de mi vida pasada. Sentí como Jesús cubrió la vergüenza de mi desnudez. No pierdas más tiempo revolcándote en el lodo de tu vida pasada, Jesús te ofrece perdón y libertad.

3. Lo encontraron en su cabal juicio.

Cuando encontraron a este hombre, había recuperado su capacidad mental y emocional para tomar decisiones de manera sensata, reflexiva y responsable. Jesús lo había sanado de cualquier enfermedad mental o de trastornos que impedían su juicio adecuado. Ahora él era capaz de comprender la realidad y actuar de manera coherente.

En medio de turbulencias emocionales, es muy importante mantener la calma para tomar decisiones sabias. Jesús reparó el área de decisiones en este hombre. Ahora él podía decirle sí a la vida y no a lo que le producía muerte. Tú y yo podemos aprender a tomar este tipo de decisiones. De hoy en adelante escoge la vida y no la muerte.

ÚLTIMAS PALABRAS

Cuando la gente salió a ver lo que había sucedido, le dijeron a Jesús que se fuera, lo cual hizo. Pero antes de que se alejara, el hombre que había sido transformado corrió tras de él con algo que decirle.

«Y el hombre de quien habían salido los demonios le rogaba que le dejase estar con él; pero Jesús le despidió, diciendo: Vuélvete a tu casa, y cuenta cuán grandes cosas ha hecho Dios contigo. Y él se fue, publicando por toda la ciudad cuán grandes cosas había hecho Jesús con él».
Lucas 8:37-39

Lo último que Jesús hizo con él fue reparar el área de propósito. Él ahora tenía un motivo por el cual vivir: Jesús lo envió a su casa a contarles a todos lo que había sucedido.

UNA HISTORIA DE TRANSFORMACIÓN TOTAL

En este capítulo aprendimos del endemoniado gadareno, una historia que llenó mi vida de esperanza. En los dos ejemplos descritos en este capítulo, la presencia de Dios fue muy significativa y marcaría la diferencia en nuestros protagonistas.

En un proceso de restauración, no puedes dejar fuera a Jesús.

PARA REFLEXIONAR

- *Escribe en tu diario un resumen de la vida del endemoniado gadareno.*
- *¿Qué fue lo que más te llamó la atención de este capítulo?*
- *¿Con cuál historia te identificas más?*
- *¿Cómo te sientes al leer estas historias?*
- *¿Cómo puedes aplicar a tu vida lo que aprendiste en este capítulo?*

CAPÍTULO 14

Mi mente puede sanar

> «Luego se acercó al ataúd y lo tocó
> y los que cargaban el ataúd se detuvieron.
> Joven, dijo Jesús, te digo, levántate.
> ¡Entonces el joven muerto se incorporó
> y comenzó a hablar! Y Jesús lo regresó
> a su madre». Lucas 7:14-15

Y UN DÍA SALÍ del ataúd de muerte que yo mismo había fabricado. Literalmente, resucité del estado oscuro en el que me encontraba. Me topé con el Autor de la vida, el que me había formado en el vientre de mi madre, tocó mi féretro y escuché su voz: «¡*Levántate!*». Y el que había estado muerto se incorporó y comenzó a hablar las grandes cosas que Dios había hecho con él. Y este es mi testimonio. Viví para contarlo y lo seguiré gritando en el nombre de Jesús.

Cada pequeño paso que des, cuenta. La oscuridad no es eterna y la luz de Jesús sí permanece para siempre, aunque ahora te parezca lejana. No estás solo en esto. La sanidad lleva tiempo, pero lo importante es seguir adelante, un día a la vez. No te rindas, cada esfuerzo cuenta y mereces ver mejores días.

La mente tiene una capacidad sorprendente

La mente humana es un universo fascinante que, al igual que el cuerpo, también requiere atención y cuidados. Durante nuestra vida enfrentamos innumerables desafíos, pérdidas y heridas emocionales que pueden afectar nuestra paz mental y bienestar. Sin embargo, a pesar de las dificultades que atravesamos, es posible sanar. Ahora lo creo, pero cuando estaba en el hoyo oscuro, no lo podía ver.

La mente posee una capacidad extraordinaria para recuperar su estado de bienestar, incluso después de experiencias difíciles. «Mi mente puede sanar» no solo es una afirmación transformadora; es un recordatorio de la resiliencia y el potencial que tiene nuestra mente para recuperarse.

En tiempos recientes, los avances de la neurociencia han demostrado que la mente tiene una asombrosa plasticidad, lo que significa que puede adaptarse, transformarse y sanar. Este proceso no se trata únicamente de superar traumas o eliminar pensamientos negativos, sino de aprender a construir una relación con Dios diaria y creciente que nos ayude a sostener la libertad.

Renovar la mente implica adquirir nuevas perspectivas, aceptar y procesar las emociones de forma saludable y crear un espacio interno que favorezca la paz y la satisfacción del alma. Aunque este viaje puede ser desafiante, cada paso que damos hacia la reflexión nos acerca más a una vida llena de Dios y con propósito.

Destruyamos patrones de pensamientos negativos

La sanidad mental también implica desmantelar patrones de pensamientos autodestructivos y creencias que nos limitan. A menudo, la sociedad nos lleva a creer que es necesario ocultar nuestras luchas emocionales, lo cual solo refuerza el estigma alrededor de la salud mental. Sin embargo, reconocer nuestra vulnerabilidad y buscar ayuda cuando es necesario son actos de valentía y compasión hacia uno mismo.

La clave para sanar nuestra mente reside en desarrollar una consciencia sobre nuestros pensamientos y emociones, y aprender a gestionar los altibajos emocionales con amor y paciencia.

MI MENTE PUEDE SANAR

Este libro pretende ser una guía para aquellos que buscan renovar su mente y encontrar un camino hacia el bienestar emocional. Hemos explorado conceptos, herramientas y prácticas que pueden ayudarnos a fortalecer nuestra salud mental, así como a reconocer las señales de que estamos avanzando en el proceso de sanidad.

Este viaje de restauración no es lineal y cada persona lo experimentará de forma única; sin embargo, existen principios que hemos visto en este material que pueden guiar nuestro camino y ayudar a transformar nuestra percepción de nosotros mismos y de Dios.

Al afirmar **«Mi mente puede sanar»**, abrimos la puerta a un cambio profundo en nuestro interior. Nos permitimos dejar atrás las heridas del pasado y nos disponemos a construir una versión más fuerte, serena y plena de nosotros mismos. Así, este libro es tanto un acto de fe en el poder de las promesas de Dios para transformarnos como un recordatorio de que la sanidad es una oportunidad que todos tenemos.

En este camino de restauración aprendí acerca de los surcos de la mente y quiero compartir esa información contigo.

LOS SURCOS DE LA MENTE

Cuando empecé a aplicar todos los principios de este libro sin que nadie me dijera que funcionarían, algo empezó a suceder. No sabía que mi mente podía sanar. No concebía en mi interior la posibilidad remota de que un día pudiera estar compartiendo contigo toda esta aventura increíble y aquí estoy. Al seguir investigando sobre la depresión y la neurociencia encontré está hermosa investigación acerca de los surcos de la mente ¡y fue un descubrimiento maravilloso! Aprendí de la capacidad de la mente para regenerarse. A mi alma le regresó la esperanza al saber que mi mente podía sanar.

¿Qué son?

Los surcos de la mente se utilizan para describir los patrones de pensamiento que se han establecido a lo largo del tiempo en la mente de una persona. Imagina que tu mente es como un campo virgen en el que se pueden formar caminos.

Cuando repites una idea, creencia o comportamiento de manera constante, esos pensamientos crean **«surcos»** o **«carreteras»** que se profundizan con el tiempo, haciendo que ese patrón sea más fácil de seguir una y otra vez. Estos surcos se pueden asociar con el concepto de neuroplasticidad, la capacidad del cerebro de reorganizarse y formar nuevas conexiones neuronales. Cuando tenemos pensamientos repetidos, ya sean positivos o negativos, el cerebro crea rutas neuronales más fuertes, lo que facilita que esos pensamientos o hábitos se repitan.

Así, si tienes pensamientos negativos, puedes crear surcos mentales que los refuercen, haciendo más difícil cambiar esos patrones. Por otro lado, si practicas pensamientos positivos o conductas saludables, puedes formar nuevos surcos que favorezcan una mentalidad más positiva y constructiva.

En este sentido, los surcos de la mente son tanto un desafío como una oportunidad. Si bien los patrones mentales antiguos pueden ser difíciles de cambiar, también tenemos la capacidad de crear nuevos surcos que nos lleven a pensamientos más saludables y a un bienestar más profundo, transformando nuestra manera de pensar y de vivir.

Un sencillo ejemplo

Desde adolescente mi padre me enseñó a manejar, ahora tengo más de cuarenta años al volante. Por alguna razón, todos los autos que he tenido la oportunidad de conducir han tenido una manivela del lado de la puerta del conductor para hacer bajar y subir la ventanilla.

Tengo cuarenta años moviendo mi brazo izquierdo hacia la manivela de manera automática. Ya no tengo que buscarla, ya sé que está ahí. Bien, hace unos meses tuve la oportunidad de comprar un auto, pero nunca me di cuenta de que los botones para bajar las ventanillas estaban al centro del tablero. Al principio era la novedad, pero en el trajín diario llegué a desesperarme demasiado.

Mi mente estaba muy acostumbrada a darle ordenes al brazo izquierdo para que pudiera mover los dedos y abriera la ventanilla. Cuando quise darle ordenes al cerebro para mover mi mano hacia el centro del tablero, costó muchísimo que me obedeciera. Mi mente estaba muy acostumbrada a otra cosa y era rebelde.

No era rebeldía en realidad, sino que mi mente solo estaba repitiendo el patrón que tanto le había enseñado durante años y años. Créeme que llegué a molestarme mucho. Pero cuando estaba en medio de esta lucha, pude ver que detrás de este embrollo automotriz había un secreto escondido listo para ser descubierto.

Nuestra mente repite los patrones que nosotros hemos reforzado a través de los surcos neuronales como un caballo viejo que sigue el camino antiguo por el que ha pasado una y otra vez porque no conoce otro.

Creo que este ejemplo que he contado es de carácter **«inofensivo»,** porque si me equivoco en apretar un botón para abrir la ventanilla, no pasa nada grave. Mover un brazo y resulta que debió ser el otro. No hay problema. No es de vida o muerte.

Pero cuando estamos hablando de surcos destructivos depresivos que hemos anidado por años, sí es muy importante poner atención. Queremos cambiar nuestra vida de una vez por todas e ir hacia la derecha, pero nuestro cerebro tiene cuarenta años yendo hacia la izquierda, y nos cuesta mucho tomar otro rumbo. Queremos la vida, pero pareciera que caminamos hacia la muerte. Escogemos ir hacia la libertad ¡pero nuestra mente nos traiciona y se resiste tanto! Sabemos lo que es bueno, lo que nos lleva a la vida, pero siempre terminamos en torbellinos emocionales destructivos.

Entonces, ¿por qué nos sentimos tan tristes? Porque nuestra mente aprieta en automático los botones de la depresión, la soledad, el fracaso y la muerte, que son el único camino que conoce y que le da seguridad. Pero ese camino nos está llevando a la quiebra emocional y ya no queremos estar ahí. De eso quiero hablarte en este capítulo. Tu mente tiene una capacidad asombrosa para deshacer surcos antiguos destructivos y fabricar nuevos surcos que te lleven de regreso a la vida. ¡Y al descubrir eso fue cuando sucedió el gran milagro de **«renovar mi mente»**! Sané mis surcos destructivos y abrí nuevos surcos llenos de esperanza. A continuación te platico cómo lo hice.

Uní todos los puntos

Yo no sabía que los primeros descubrimientos que yo estaba haciendo en relación con salir de la depresión tenían que ver con los estudios de la neurociencia acerca de los surcos de la mente. Sin saberlo estaba reparando esos caminos neuronales destructivos y aprendiendo a hacer nuevas carreteras donde la esperanza y la fe pudieran transitar sin estorbos.

Desde el Principio 1, sin que te dieras cuenta, hemos estado ocupándonos de este tema. Por un lado, trabajamos en hacerte consciente de todos los pensamientos obsesivos negativos que tenemos y por otro lado, trabajamos en la idea de la construcción de escenarios catastróficos falsos. Por eso te compartí que no todo lo que pasa por tu mente es una verdad absoluta. Cuando empezaste a trabajar en esto descubriste tus surcos destructivos. El solo hecho de descubrirlos es un superavance.

En el Principio 2 aprendimos el mecanismo que usa tu mente para fabricar teatros mentales falsos. Saber eso te ayudará a dejar de pasar por el surco emocional doloroso y salir listo para fabricar nuevos surcos de esperanza.

En el Principio 3 hablamos sobre la importancia del tiempo que hemos pasado en los mismos pensamientos, nos dimos cuenta que nosotros mismos hemos fabricado esos surcos profundos cuando dejamos que el pensamiento obsesivo pasara por ahí **182,500 veces**. Aprendimos a debilitarlo y renovarlo.

En el Principio 4 exploramos una herramienta poderosa que llegó a mis manos, la **Tabla de pensamientos obsesivos.** Toda ella tiene que ver con el tema de este capítulo: debilitar surcos llenos de minas emocionales, listas para detonar y la fabricación de nuevos surcos de fe que te den seguridad.

Cuando estos cuatro principios se unan para formar una hermosa red de sanidad mental y espiritual, tu vida nunca más será la misma, podrás volver al camino de la vida y transitar por él. Seguramente habrá momentos de incertidumbre al pasar por esta vida, pero no regresarás a los valles oscuros de llanto y dolor, porque tu mente habrá aprendido nuevos caminos de fe. Tus pensamientos obsesivos de muerte serán cada día menos y vas a volver a sonreír, sentirás la brisa del día y le darás gracias a Dios por la vida. El brillo de tus ojos regresará y encontrarás el motivo por el cual tu Dios te tiene aquí en la tierra. Volverás renovado con tu familia, a tu casa, a tu negocio y a la vida. Tendrás mucho que contar y ayudarás a otros. De repente te verás visitando a personas vulnerables y te estarás preguntando a qué hora pasó todo esto. **Dios va a usar tu vida.**

La mente y la neuroplasticidad

Dentro de toda la complejidad de funciones que nuestro cuerpo tiene, Dios le dio las instrucciones exactas al cuerpo para recuperarse, no solo de alguna cortada exterior visible, sino también en los órganos internos que no vemos, como el cerebro. Ya está dentro de ti el poder de la recuperación.

Aprendí que nuestro cerebro, al estar hecho de una materia muy suave, y al ser los pensamientos impulsos eléctricos, cada vez que pasa un pensamientos por nuestra mente deja una pequeña marca que con el tiempo tiende a desaparecer. Pero si el mismo pensamiento pasa una y otra vez, se convertirá en un surco por donde se sentirá cómodo pasando interminablemente. Ahora imagina que el pensamiento ha caminado libremente por tu mente **182,500** veces, **¿de qué profundidad será ese surco?** Por eso, cuando le quieres ordenar al pensamiento obsesivo que se vaya de tu mente, el pensamiento **NO** puede retirarse, porque fuiste tú el que se encargó de pasarlo todas esas veces por la pantalla de tu mente. Pero, ¡tranquilo!, no importa la profundidad del surco, es posible sanarlo.

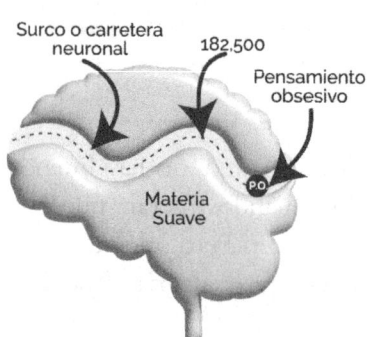
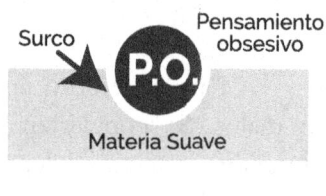

Cuando me vuelvo consciente de mis pensamientos, entonces puedo debilitarlos. ¿Recuerdas lo que hice con «182,500»? No me enfrenté a él directamente, sino que me enfrente con los pensamientos obsesivos diarios, o sea, 50. Y así pude debilitarlo poco a poco. Si un día eran 50, al otro día eran 49, y así sucesivamente. Lo que pasó, con la ayuda de Dios, es que el pensamiento empezó a debilitarse, y aquí es donde entra la parte milagrosa de Dios en el cuerpo humano. El surco que yo mismo había cavado con pensamientos horribles estaba en camino de recuperarse porque ya no pasaba el pensamiento repetitivo. **Lo que sigue es la recuperación: un surco pavimentado.** Entonces el pensamiento obsesivo no tendrá de dónde tomarse para gobernarnos y extender sus sucias garras sobre nuestras frágiles emociones.

Debilitando el pensemiento obsesivo

Un surco pavimentado

Para el cerebro un surco es un surco, no hay buenos o malos. Se convierten en malos cuando alteran nuestras emociones trayendo depresión y tristeza. Pero adquieren un carácter bondadoso cuando generan paz, alegría, felicidad, tranquilidad, satisfacción y fe. Pero nuestra mente no lo sabe hasta que salen a través de nuestras emociones. Tu mente va a generar surcos, asegúrate que ellos te lleven al amor, al gozo y a la fe.

¿CÓMO REPARAR SURCOS NEURONALES?

Desde la perspectiva de la neurociencia, **«surcos de la mente»** se refiere a los patrones neuronales que se han consolidado en tu cerebro debido a la repetición de pensamientos, emociones y comportamientos a lo largo del tiempo. Estos patrones pueden ser tanto constructivos como destructivos. El cerebro tiene la capacidad de la neuroplasticidad, es decir, la capacidad de reorganizarse y formar nuevas conexiones neuronales, lo que significa que puedes **«reparar»** estos surcos o patrones mediante prácticas conscientes y constantes. Aquí te comparto cómo:

1. Repetición de nuevos pensamientos y comportamientos.

- La clave para cambiar un patrón negativo es la repetición. Cuanto más repites un pensamiento o comportamiento, más fuerte se vuelve la conexión neuronal asociada a él. Si trabajas en pensamientos positivos, afirmaciones o nuevos hábitos, estarás creando nuevas rutas neuronales que reemplazan las antiguas. Cuando Dios le pide a su pueblo que se mantenga firme en su amor hacia él, le pide que repita una y otra vez las promesas que Dios le había dado: «*Repíteselos a tus hijos una y otra vez. Habla de ellos en tus conversaciones cuando estés en tu casa y cuando vayas por el camino, cuando te acuestes y cuando te levantes*» (Deuteronomio 6:7). ¿Te parece exagerado?, ¿o será que Dios conoce el cuerpo del ser humano y les está pidiendo a sus hijos que hagan nuevas rutas neuronales llenas de fe para mantenerse firmes en los desafíos de la vida?

2. **Dormir bien.**

• El buen dormir tiene un impacto directo sobre la salud del cerebro y las funciones del aprendizaje, lo que incluye el bienestar de los surcos neuronales, que son las hendiduras en la corteza cerebral. Durante el sueño, el cerebro realiza procesos de reparación y consolidación de la memoria, lo que facilita la regeneración de células y el fortalecimiento de las conexiones neuronales.

• Durante el sueño profundo, el cerebro procesa y organiza la información, lo que contribuye a la limpieza cerebral.

• Dormir bien permite que las conexiones entre neuronas sean más flexibles, lo que favorece el aprendizaje y la adaptación. La plasticidad cerebral es esencial para el buen funcionamiento de los surcos neuronales y su capacidad para optimizar procesos cognitivos.

• El sueño también está relacionado con la reducción de los niveles de cortisol, la hormona del estrés. El exceso de estrés crónico puede dañar las neuronas y alterar la estructura de los surcos neuronales.

3. **Ejercicio físico.**

• El ejercicio aumenta el flujo sanguíneo hacia el cerebro, lo que facilita el transporte de oxígeno y nutrientes esenciales para las células cerebrales. Esto promueve un cerebro más saludable y puede ayudar a prevenir enfermedades nuerodegenerativas.

• El ejercicio regular favorece la creación de nuevas

conexiones neuronales y la neuroplasticidad, que es la capacidad del cerebro para adaptarse y reorganizarse. Esto es fundamental para el aprendizaje, la memoria y la recuperación de surcos destructivos.

- Se ha demostrado que el ejercicio aumenta el tamaño del hipocampo, una área crucial para la memoria y el aprendizaje. Esto es especialmente beneficioso a medida que envejecemos, ya que el hipocampo tiende a disminuir con la edad.

- El ejercicio no solo mejora la salud física general, sino que también tiene un impacto directo y positivo sobre la estructura, función y salud del cerebro. Promueve una mayor plasticidad cerebral, mejora la memoria, reduce el estrés y protege el cerebro contra el envejecimiento y enfermedades.

4. **Meditación bíblica.**

- La meditación bíblica, que se centra en la reflexión sobre las Escrituras y la presencia de Dios, puede ser una herramienta poderosa para la sanidad y el bienestar mental y emocional.

- La práctica de la contemplación y la oración ayuda a calmar la mente y reducir el estrés. Al enfocarte en versículos que hablen de la paz de Dios, como Filipenses 4:6-7 (*«No se inquieten por nada…y la paz de Dios, que sobrepasa todo entendimiento, guardará sus corazones y sus mentes en Cristo Jesús».*), se puede experimentar una sensación de serenidad y tranquilidad, ambiente propicio para reparar surcos neuronales.

- La meditación bíblica promueve la renovación de la mente y la creación de nuevos surcos, que en términos de salud cerebral se traduce en la reestructuración de patrones de pensamiento.

- Al practicar la meditación basada en la Biblia, desarrollas una mayor capacidad para concentrarte y reducir la dispersión mental, te enfocas en lo bueno y mantienes tus ojos en lo que es justo. Esto puede ayudar a enfocar la mente en lo positivo, lo que favorece una mayor claridad mental y un mejor rendimiento cognitivo.
- Al reflexionar sobre los principios de amor y misericordia que promueve la Biblia, se activan áreas del cerebro relacionadas con la empatía, como la corteza prefrontal. Versículos como Mateo 5:44 *(«Amen a sus enemigos y oren por los que los persiguen».)* pueden fomentar una actitud de compasión, lo que reduce sentimientos de ira o resentimiento, promoviendo la sanidad emocional.

¡Yo puedo hacer nuevas carreteras!

P.D. Promesas de Dios que dan esperanza

Materia Suave

5. **Cambia tu diálogo interno.**
   - El diálogo interno es esa conversación que tenemos con nosotros mismos en nuestra mente. Es el flujo de pensamientos, reflexiones, juicios y opiniones que surgen de manera constante mientras procesamos información, cuando enfrentamos situaciones o simplemente cuando estamos en reposo. Es esa voz interior que muchas veces nos traiciona y nos lleva a perder las oportunidad de la vida.
   - Muchos surcos profundos tienen que ver con el diálogo interno. Revisa tu diálogo negativo constantemente para que te mantengas consciente de él y busca cambiarlo por pensamientos saludables que te lleven a esperar destino lleno de bendición.

6. Ayuda a alguien en necesidad.

• Ayudar a personas en necesidad puede tener un impacto positivo en tu salud mental, porque cuando contribuyes al bienestar de otros, puedes sentir que tu vida tiene un propósito mayor, lo que genera satisfacción y sentido de realización. Este propósito puede ser muy gratificante a nivel emocional.

• Ayudar a los demás te permite reconocer tus capacidad y fortalezas. El hecho de que puedas producir una diferencia positiva en la vida de alguien puede aumentar tu autoconfianza y bienestar.

• El acto de ayudar a otros puede hacer que te concentres en algo externo a tus propios problemas, lo que a menudo alivia el estrés y te permite tomar distancia de situaciones difíciles en tu propia vida.

• Ayudar a personas vulnerables puede fortalecer tus lazos con la comunidad, creando una red de apoyo emocional que puede mejorar tu bienestar social y emocional.

• Ayudar a los demás puede desencadenar la liberación de hormonas como la oxitocina, la cual está asociada con sentimientos de felicidad, conexión y bienestar. Esta reacción química en el cerebro contribuye a reducir la ansiedad y aumenta la sensación de satisfacción.

• Ayudar a quienes atraviesan dificultades puede aumentar tu empatía y compresión hacia los demás, lo que fomenta una mayor armonía emocional y te puede ayudar a afrontar mejor tus propias dificultades.

PARA REFLEXIONAR

En este capítulo hemos explorado el profundo poder de la mente para sanar, un proceso de renovación de nuestros pensamientos, creencias y perspectivas. La mente, aunque influenciada por nuestras experiencias y circunstancias, tiene una capacidad asombrosa para transformarse y restaurarse cuando nos abrimos a nuevas formas de pensar, sanar y crecer.

La mente sana no es una mente libre de problemas, sino una mente capaz de enfrentar las dificultades con esperanza, resiliencia y paz. La sanidad de la mente es un viaje personal, pero también es un camino espiritual en las promesas de Dios, que nos guía y sostiene en todo momento.

Al reconocer que nuestra mente puede sanar, nos hacemos fuertes para tomar el control de nuestra salud mental, eligiendo pensamientos que nos fortalezcan y hábitos que nos conduzcan a la plenitud. Recordemos que, aunque el proceso de sanidad puede ser gradual, cada paso hacia la paz es un paso hacia una vida más saludable.

Cuando permitimos que nuestra mente se alinee con principios de amor, perdón y gratitud, no solo sanamos nuestro ser interior, sino que también transformamos nuestras relaciones y nuestra percepción del mundo.

La sanidad de la mente no es inalcanzable, sino una realidad. Con fe, esfuerzo y una disposición para cambiar, nuestra mente puede sanar y prosperar, y con ello, podemos experimentar una vida más plena, significativa y en paz. Esa vida nueva está a tu disposición, tómala.

No se inquieten **POR NADA** y la Paz **DE DIOS**, que sobrepasa todo **ENTENDIMIENTO**, guardará sus corazones y sus mentes en **CRISTO JESÚS**

(FILIPENSES 4:6-7)

RENUEVA TU MENTE

CONCLUSIÓN

CAPÍTULO 15:
Diez señales de que mi mente está sanando

CAPÍTULO 16:
Recomendaciones para antes de dormir

CAPÍTULO 17:
Promesas de Dios para la casilla 5

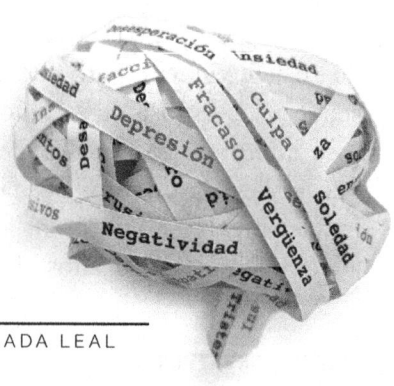

RE**NUEVA**TU**MENTE** | SERGIO MONCADA LEAL

Conclusión

HAY HISTORIAS muy conmovedoras en toda la Biblia, pero la contada en el libro de Génesis acerca de José «*El Soñador*» es una de esas que te deja sin aliento al ver el proceso familiar y emocional de un joven hebreo al que le fueron truncados todos sus sueños. Era el hijo favorito de un hombre llamado Jacob, quien le regaló una túnica de colores, lo que provocó celos en sus hermanos. Tuvo dos sueños en los que predijo que sus hermanos, e incluso sus padres, se inclinarían ante él. Esto aumentó el resentimiento de ellos, quienes después de amenazar con matarlo, lo vendieron como esclavo a unos comerciantes que iban hacia Egipto, donde fue vendido a Potifar, un oficial del faraón.

A pesar de las adversidades, José se ganó la confianza de su jefe egipcio, pero fue falsamente acusado de intentar seducir a la esposa de su amo y fue encarcelado. En prisión, José interpretó los sueños de dos compañeros de celda, lo que lo llevó a la corte del faraón cuando este tuvo sueños inquietantes. José interpretó los sueños del faraón como una advertencia de siete años de abundancia seguidos de siete

CONCLUSIÓN

años de hambre, y le aconsejó al faraón que almacenara grano durante los años buenos. Impresionado por su sabiduría, el faraón lo nombró gobernador de todo Egipto, haciéndolo una persona muy importante en su tiempo.

No me imagino el dolor interno por el que pasó José en todo este proceso. Fue traicionado por sus hermanos, rechazado, acusado injustamente, encarcelado sin razón; experimentó amargura, amenazas, tristeza, separación de sus padres, resentimiento, soledad, fracaso, muerte, etc. ¡Tenía mucho que reclamarle a la vida!

En medio de esta tormenta emocional, le nacieron dos hijos y él hizo algo sorprendente:

«*José llamó a su hijo mayor Manasés, porque dijo: "Dios me hizo olvidar todas mis angustias y a todos los de la familia de mi padre". José llamó a su segundo hijo Efraín, porque dijo: "Dios me hizo fructífero en esta tierra de mi aflicción"*».
Génesis 41:51-52.

José puso dos bases importantes para sellar su sanidad interior:

1. Dios le hizo olvidar todas sus angustias.

Cuando José nombró a su hijo mayor Manasés, reconoció dos cosas: número uno, que la mente tiene el poder para sanar. Aunque no había en ese entonces nada de información acerca de la neurociencia, José había pasado por un proceso de sanidad emocional. Y número dos, José involucró a Dios en su proceso de restauración. Sabía que no había manera de sanar todo el dolor que cargaba encima. Es verdad que nunca vamos a olvidar completamente nuestro pasado, pero sí dejará de lastimarnos.

2. Dios lo bendijo en medio de la aflicción.

José también reconoció que Dios le había dado un giro

completo a su vida, de ser un campesino humilde a convertirse en un gobernante exitoso, pasando por un proceso difícil que lo llevó a la madurez emocional y espiritual. El cambio que vemos en la vida de José es increíble. Vas a salir de la situación en la que te encuentras. Dios te va a bendecir tanto que serás de bendición para otros, de tal manera que también reconocerás, como José, que ha sido Dios el que ha traído bendición a tu vida. De la cárcel al palacio.

UN ENCUENTRO INESPERADO:

José ya tenía varios años en Egipto cuando Dios le dio la oportunidad de encontrarse con sus hermanos una vez más. Tenía la opción de vengarse, encarcelarlos y humillarlos, pero nuevamente José nos sorprende con lo que hace: *«"¡Soy José!", dijo a sus hermanos. "¿Vive mi padre todavía?". ¡Pero sus hermanos se quedaron mudos! Estaban atónitos al darse cuenta de que tenían a José frente a ellos. "Por favor, acérquense", les dijo. Entonces ellos se acercaron, y él volvió a decirles: "Soy José, su hermano, a quien ustedes vendieron como esclavo en Egipto. Pero no se inquieten ni se enojen con ustedes mismos por haberme vendido. Fue Dios quien me envió a este lugar antes que ustedes, a fin de preservarles la vida"».* ***Génesis 45:3-5.***

Tú también puedes sorprender a las personas a tu alrededor perdonando, restaurando y olvidando todo el daño que te hicieron. Sigue el ejemplo de José y deja que Dios te ayude a recuperar la paz.

PARA REFLEXIONAR

Trata de limpiar tu casa de recuerdos dolorosos. Muchas veces conservamos a la vista fotos, ropa, olores o artículos que, cada vez que los vemos, nos llevan a desenfocarnos y a fabricar teatros mentales de dolor.

Te recomiendo que si tienes fotos que te generen

tristeza, las guardes hasta que tus emociones se fortalezcan. Si vives con otros en casa, recuerda ponerte de acuerdo con ellos y explícales cómo esta dinámica puede ayudarte en el proceso de sanidad emocional. Recuerda que es solo por un tiempo.

Por el contrario, procura, como lo hizo José, poner algunas señales en tu casa u oficina que te lleven a recordar la misericordia de Dios en esta etapa de tu vida. Cada vez que José mencionaba el nombre de sus hijos, recordaba lo bondadoso que Dios había sido con él. Haz lo mismo.

LOS ÚLTIMOS TRES CAPÍTULOS

No sabes cuánto me hubiera gustado que alguien me explicara lo que acabamos de leer en este libro. Ha sido una hermosa bendición compartir contigo toda esta jornada llena de conocimiento y libertad. Espero algún día poder conocerte en alguna parte de este pequeño planeta y conversar de cómo este material fue de ayuda para ti.

Usa todos los principios que hemos aprendido en este libro para ti, para tu familia, para ayudar a alguien, para tu negocio, para tus estudios y para cada área de tu vida.

Para terminar, en el capítulo 15 quiero compartir las señales de que la mente está sanando. En el capítulo 16 te daré algunas recomendaciones para que las tomes en cuenta antes de ir a dormir, y por último, en el capítulo 17 quiero proporcionarte algunas herramientas de fe para que puedas defenderte de los pensamientos obsesivos y para que tengas unos versículos para apuntarlos en la casilla 5 de la Tabla de pensamientos obsesivos.

Recuerda que siempre puedes escribirme para estar en contacto o si tienes dudas sobre alguno de los procesos descritos en este libro. Estoy para ayudarte. Escríbeme a contactoconsergio@gmail.com

CAPÍTULO 15

Diez señales de que mi mente está sanando

La historia de Nahúm

Nahúm había enfrentado mucha ansiedad y pensamientos negativos, pero recientemente empezó a notar señales de sanidad. Ahora se siente más presente y disfruta de los pequeños momentos, tales como el aroma del café en la mañana. Ha aprendido a manejar el estrés, respirando profundamente cuando siente que se abruma, en lugar de reaccionar impulsivamente. También ha comenzado a rodearse de personas que lo inspiran y a establecer límites para cuidar su paz mental. Se ha mantenido escribiendo en su diario de emociones y lo lleva para todos lados. Sus pensamientos son más positivos y cuando aparece alguno negativo, lo apunta sin juzgarse. Nahúm se siente con mayor control y en paz consigo mismo cada día. Tomó la decisión de hacer ejercicio y eso le ha ayudado mucho. **¡Qué alegría saber que nuestra mente puede sanar!**

Las diez señales

Cuando empecé a sentirme bien, después de algunos años llenos de luchas emocionales, pude ver cambios en mi mente que me hicieron ver una luz al final del túnel. La salida de la depresión se hizo posible, gracias a Dios.

Dentro del torbellino que estaba viviendo identifiqué diez cambios en mi interior que me hicieron recuperar las ganas de vivir. Aquí te los comparto.

1. Levantarse de la cama se siente un poco más fácil.

Levantarse de la cama con más facilidad puede ser un desafío al atravesar por depresión, pero aquí te dejo algunos consejos que pueden ayudarte a lograrlo:
- **Establece una rutina de sueño regular.** Trata de acostarte y despertarte a la misma hora todos los días, incluso los fines de semana. Esto ayuda a regular tu reloj biológico y a sentirte más descansado; así podrás enfrentar los desafíos de la vida diaria de una manera más fuerte.
- **Prepara algo que te motive.** Planea una actividad que te guste y te motive a levantarte. Puede ser preparar tu desayuno favorito, hacer ejercicio, escuchar música o disfrutar de tu tiempo devocional con Dios.
- **Exponte a la luz natural.** Al levantarte, abre las cortinas para dejar entrar la luz. La exposición a la luz natural envía señales a tu cerebro de que es hora de despertarse.
- **Haz ejercicios de respiración o estiramientos.** Antes de salir de la cama, prueba hacer unos ejercicios de respiración profunda o unos estiramientos suaves. Esto ayuda a activar el cuerpo y reducir la sensación de letargo.
- **Enfócate en lo positivo del día.** Al despertar, piensa en algo bueno o emocionante que sucederá ese día. Tener una mentalidad positiva puede hacer que te sientas más motivado para comenzar el día.

- No olvides tender la cama inmediatamente.
- Recuerda no ir a las redes sociales recién levantado.

2. **Menos pensamientos destructivos catastróficos.**
Empecé a notar que mis pensamientos eran menos pesimistas. Me resultó más fácil redirigir mi mente hacia pensamientos positivos y constructivos. Los pensamientos de muerte prácticamente desaparecieron. Tomé el control de mi mente.

Recuerda que:
- Debes tomar tiempo para reflexionar sobre tus pensamientos. Anota aquellos negativos y trata de identificar los patrones.
- Cuestiona la validez de tus pensamientos destructivos. Pregúntate si realmente son ciertos y si hay evidencias que los respalden.
- Hacer ejercicio libera endorfinas que pueden mejorar tu estado de ánimo y reducir el estrés.
- Dedica tiempo a reflexionar sobre las promesas de Dios. Esto puede ayudar a equilibrar tus pensamientos. Practica la gratitud.

3. **Más calma en situaciones de estrés.**
Las situaciones que antes me causaban ansiedad o estrés ya no me abrumaban tanto. Logré mantener la calma y reaccioné de forma más tranquila y madura.

En el caso de que sientas que el estrés proviene de múltiples frentes, intenta organizar tus tareas en una lista y enfócate en una a la vez. Esto ayuda a reducir la sensación de sobrecarga. Recuerda que cuando dices **«Ya no puedo más»,** normalmente son tres cosas las que te están oprimiendo. Escríbelas y empieza a darles solución. Ahora estarás más consciente del desenfoque de tus ojos para no permitir que la mente construya teatros mentales falsos.

4. Mejor capacidad para establecer límites.

Ahora podía decir **«no»** cuando algo no era saludable para mí, sin sentirme culpable o ansioso por la reacción de los demás.

Cuando tenemos un desbalance emocional, como una tristeza prolongada, perdemos la capacidad de poner límites. Establecer límites es esencial para el bienestar emocional, físico y mental. Esto implica la habilidad de comunicar de manera clara y respetuosa nuestras necesidades, valores y límites personales a otras personas, sin sentir culpa ni temor al rechazo. Los límites saludables protegen nuestro espacio emocional, tiempo, energía y prioridades, permitiendo que tengamos relaciones más equilibradas y respetuosas.

5. Capacidad para vivir en el presente.

La preocupación por el pasado o el futuro disminuyó. Me resultó más fácil disfrutar del momento.

Vivir en el presente significa estar plenamente consciente y enfocado en el momento actual, sin preocuparse excesivamente por el pasado o el futuro. Esta práctica, a menudo vinculada con la atención plena, nos permite experimentar la vida con mayor claridad, disfrutar de los pequeños momentos y responder de manera más consciente a las situaciones.

Evita el **«piloto automático»**, realiza actividades cotidianas, como comer o caminar, con atención plena, sin desenfocarte, poniendo atención en cada movimiento y en las sensaciones que experimentas. Recuerda dejar tu teléfono celular mientras hacer alguna actividad.

Vivir en el presente contribuye a reducir el estrés, mejorar la salud emocional y desarrollar una mayor apreciación por la vida. Es una práctica que requiere constancia, pero que puede transformar profundamente la forma en que vivimos.

6. Reconocimiento de tus emociones.

Ahora soy mucho más consciente de mis emociones, les he puesto nombre y no las evito, sino las acepto y busco la manera de regularlas para mi beneficio. En lugar de suprimir mis emociones, las identifico y acepto.

No debes de sentirte mal por estar triste, enojado o ansioso, sino que debes permitirte experimentar esas emociones sin juzgarte. Reconocer tus emociones es crucial porque te permite entender lo que sientes y por qué, lo cual tiene un impacto directo en tu bienestar y en la calidad de tus relaciones. Al identificar tus emociones, puedes responder de manera más consciente, en lugar de reaccionar impulsivamente.

Esto es importante por varias razones:
- **Mejora la toma de decisiones.**
- **Fortalece las relaciones.**
- **Reduce el estrés.**
- **Desarrolla resiliencia.**

Reconocer tus emociones es un primer paso hacia la inteligencia emocional, una habilidad que facilita el manejo de los desafíos de la vida y fomenta un mayor bienestar general.

7. Mejora en tus relaciones.

Las relaciones se volvieron más sanas. Fui capaz de comunicarme mejor y establecer conexiones más profundas con quienes me rodean.

Recuerda que cuando hemos estado pasando por episodios de depresión prolongados, afectamos a las personas que nos aman. Es importante empezar a hacer un esfuerzo por volver a los vínculos que hemos perdido.

Recomendaciones:
- Escucha activamente. Practicar una escucha activa significa prestar atención genuina sin interrumpir. Haz preguntas para mostrar interés y parafrasea lo que la

otra persona dice para asegurarte de entenderla.
- Expresa tus pensamientos y sentimientos de manera clara y respetuosa.
- Intenta ver las cosas desde la perspectiva de la otra persona. La empatía fortalece la conexión y demuestra que te importan sus emociones y experiencias.
- La transparencia es fundamental para construir confianza. Comunica tus sentimientos con sinceridad y permite que la otra persona haga lo mismo.
- Pídela a Dios que te ayude, él está interesado en la reconciliación de tu familia.

8. Hay un aumento en la gratitud.

En el camino de salir de la depresión, comencé a darme cuenta de las cosas buenas en mi vida y a sentir gratitud por ellas, incluso por los pequeños detalles.

Recuerda que generar gratitud es una práctica poderosa que puede mejorar el bienestar emocional, fomentar la resiliencia y ayudarte a ver lo positivo en la vida.

Aquí tienes algunas maneras de cultivar la gratitud:
- Dedica unos minutos al día para anotar tres cosas por las que estés agradecido. Pueden ser cosas simples como una buena comida, una conversación agradable o algo bonito que hayas visto. Con el tiempo, esto entrena tu mente para notar lo positivo de la vida.
- Cada vez que experimentes algo placentero, tómate unos segundos para saborearlo y sentir agradecimiento. Puede ser el aroma de una taza de café o el contacto con la naturaleza.
- Expresar gratitud hacia las personas que forman parte de tu vida fortalece las relaciones y nos hace más conscientes de lo bueno que nos rodea. Puedes decirlo verbalmente, escribir una carta o enviar un mensaje sincero.

- Al despertar o antes de dormir, piensa en una o dos cosas por las que estés agradecido. Este hábito puede ayudarte a comenzar o terminar el día con una perspectiva positiva.
- No olvides tener un corazón agradecido con Dios; cántale, adórale, sírvele mientras vivas. Él te ha rescatado.

9. Las tareas diarias se empiezan a sentir menos abrumadoras.

Cuando empecé a salir de la depresión, las tareas diarias comenzaron a sentirse menos abrumadoras porque mi energía, motivación y claridad mental comenzaron a mejorar.

La depresión suele hacer que incluso las actividades más simples parezcan imposibles, pero a medida que te recuperas, puedes notar pequeños cambios que te devuelven la capacidad de lidiar con tus responsabilidades de una manera menos desgastante. Este proceso es gradual y es importante reconocer y celebrar esos pequeños pasos.

Algunas señales de avance pueden incluir:
- **Mayor energía.**
- **Motivación y enfoque.**
- **Pensamientos más claros,**
- **Sentimiento de satisfacción.**

Estos cambios pueden parecer pequeños, pero son signos importantes de recuperación y de que estás reconectándote con tu vida. Recuerda que cada avance, por pequeño que parezca, es una victoria enorme en el proceso de la sanidad interior.

10. Tienes fe porque sabes que Dios está al control de tu vida.

Tener fe y confiar en que Dios está en control

puede traer una paz profunda, ya que nos ayuda a soltar las preocupaciones y a aceptar que no tenemos que cargar todo por nuestra cuenta. Saber que Dios guía nuestras vidas nos da una perspectiva distinta frente a los desafíos y nos recuerda que no estamos solos en nuestras luchas.

Confiar en el plan de Dios no significa que no habrá dificultades, pero permite enfrentar las pruebas con esperanza y fortaleza, sabiendo que él tiene un propósito en todo. Esta fe te ayuda a ver más allá de las circunstancias actuales y a tener una actitud de agradecimiento y confianza, incluso cuando las cosas no salen como esperabas.

A medida que crece la fe, también lo hace la paz interna, ya que confiamos en que Dios cuida de nosotros y nos guía en cada paso.

«Les dejo un regalo: paz en la mente y en el corazón.
Y la paz que yo doy es un regalo que el mundo no puede dar.
Así que no se angustien ni tengan miedo».
Juan 14:27.

Para reflexionar:

Sanar la mente es un viaje personal y único que implica reconocer nuestras batallas internas, aprender a gestionar nuestras emociones y abrazar los cambios que nos conducen a la paz. Al observar estas diez señales, nos damos cuenta de que la sanidad es posible y que, paso a paso, estamos volviendo al camino que nos lleva a la vida una vez más.

Recordemos que la restauración mental es un proceso continuo de crecimiento y aprendizaje. Al cultivar estos signos de bienestar mental, construimos una base sólida para una vida más plena, en la que la presencia de Dios y su paz son el centro de nuestro ser.

CAPÍTULO 16

Recomendaciones para antes de dormir

EL CASO DE ANAÍ

ANAÍ HABÍA ESTADO luchando con la depresión durante meses y cada noche se volvía una batalla que parecía interminable. Acostarse en la cama solo hacía que sus pensamientos negativos se intensificaran, llenando su mente de recuerdos dolorosos y temores sobre el futuro. Las horas pasaban y el sueño simplemente no llegaba, lo que hacía que cada día siguiente se sintiera aún más agotador y desalentador.

Una noche, sintiéndose desesperada, Anaí decidió abrir la Biblia que tenía guardada desde hace tiempo. Buscó en ella Isaías 41:10: «*No temas, porque yo estoy contigo; no desmayes, porque yo soy tu Dios que te esfuerzo; siempre te ayudaré, siempre te sustentaré con la diestra de mi justicia*». Al leer estas palabras, Anaí sintió una paz inexplicable. Las promesas de Dios parecían envolverla, y por primera vez en mucho tiempo, sintió que no estaba sola.

Esa noche decidió concentrarse en esas palabras y repetirlas en su mente cada vez que los pensamientos oscuros intentaban regresar. Poco a poco, la calma reemplazó su ansiedad y Anaí se quedó dormida, abrazando la idea de que había alguien que la cuidaba y que le daría fuerza para enfrentar cada día.

En mi caso

En momentos difíciles la hora de dormir llegaba muy rápido y muchas veces no sabía qué hacer. En mi memoria tengo registrado que donde más sufrí y pasé tiempos horribles fue durante la noche. Tal vez te pasa lo mismo. Me gustaría darte unas recomendaciones para la hora de ir a la cama.

1. Toma un baño con agua calientita para relajar los músculos.

Un baño caliente antes de dormir proporciona varios beneficios que pueden ayudarte a conciliar el sueño y mejorar la calidad de tu descanso. Aquí te explico algunos de ellos:

- **Relajación muscular:** El agua caliente ayuda a relajar los músculos tensos, lo cual es especialmente útil si has tenido un día estresante o estás lidiando con ansiedad. Esto puede reducir molestias físicas y prepararte para el descanso.
- **Disminución del estrés:** El calor del agua induce un estado de calma al reducir los niveles de cortisol, la hormona del estrés, y puede ayudarte a liberar tensiones y preocupaciones.
- **Regulación de la temperatura corporal:** Después del baño, tu cuerpo comienza a enfriarse, lo cual ayuda a señalarle al cerebro que es hora de dormir. Esta bajada de temperatura está relacionada con la liberación de melatonina, la hormona que regula el sueño.

2. Prepárate un té relajante sin azúcar.

Tomar un té caliente antes de dormir es un hábito relajante que puede tener varios beneficios para el descanso. Aquí te explico por qué es importante:

- **Relajación y reducción del estrés:** Un té caliente, especialmente si no contiene cafeína, como la

manzanilla, el tilo o la valeriana, ayuda a calmar el sistema nervioso. Esto puede reducir el estrés y la ansiedad, preparando la mente y el cuerpo para el sueño. Algunas hierbas como las arriba mencionadas, tienen propiedades naturales que favorecen el sueño, ayudando a relajarte y a dormir más profundamente
• **Desconexión:** Incorporar un té caliente en tu rutina nocturna puede convertirse en un ritual muy positivo, enviando a tu cerebro la señal de que es hora de dejar de lado las preocupaciones del día.

• **Ayuda a la digestión:** Algunas infusiones, como la menta o el jengibre, facilitan la digestión y pueden evitar molestias estomacales que interfieren con el descanso.

• **Hidratación sin sobrecargar el cuerpo:** Un té caliente te hidrata y ayuda a evitar que sientas sed en medio de la noche, sin el impacto estimulante que tiene el café o el té negro.

3. **Lee un buen libro.**

Hay muchas opciones en cuanto a títulos, escoge uno acerca del amor de Dios, del perdón, de una segunda oportunidad, etc., libros que te lleven a relajarte y a no llenarte de más pensamientos tóxicos. Tus ojos se cansarán con la lectura y de pronto ya estarás listo para dormir. La lectura trae concentración y relajación; es una excelente herramienta para mejorar la calidad del sueño y fomentar un descanso más reparador. Algunos beneficios son:

• **Relajación:** Al incluir la lectura como parte de tu rutina nocturna, tu cerebro asocia este momento con la transición al descanso, lo que facilita la señal para que te prepares para dormir.

• **Menos uso de pantallas:** Al leer un libro físico en

lugar de usar dispositivos electrónicos, reduces la exposición a la luz azul, que puede interferir con la producción de melatonina y dificultar el sueño
- **Inspiración:** Leer temas que te inspiran o te relajan, como poesía, espiritualidad o novelas ligeras, puede mejorar tu estado de ánimo y hacer que sientas bienestar antes de acostarte, favoreciendo un sueño más reparador.

4. Apaga la luz.

Apagar la luz al dormir es crucial para mejorar la calidad del sueño, ya que crea un ambiente adecuado para el descanso y tiene beneficios directos sobre el cuerpo y el cerebro. Estos son algunos de los principales efectos:

- **Estimula la producción de melatonina:** La oscuridad activa la liberación de melatonina, la hormona del sueño. Esta hormona regula el ciclo de sueño y ayuda a conciliar el sueño más rápidamente y a dormir de manera profunda.
- **Equilibra el ciclo circadiano:** Dormir en completa oscuridad respeta el ritmo circadiano, el cual es sensible a la luz y a la oscuridad. La exposición a la luz en la noche puede confundir al cerebro, haciéndolo creer que es de día, lo que dificulta dormir y puede causar interrupciones en el sueño.
- **Mejor calidad de sueño profundo:** Dormir en completa oscuridad facilita la transición al sueño profundo, la etapa del sueño que ayuda a restaurar la energía física y mental.

5. Pon una suave música instrumental relajante.

Poner música a la hora de dormir puede tener varios beneficios para tu bienestar físico y mental:

- **Relajación:** La música suave y tranquila puede ayudar a reducir el estrés y la ansiedad, facilitando la relajación. Al disminuir el ritmo cardíaco y la presión arterial, tu cuerpo entra en un estado más propenso para el descanso.
- **Mejora la calidad del sueño:** Escuchar música relajante antes de dormir puede ayudarte a conciliar el sueño más rápidamente y mejora su calidad. Esto es especialmente útil para quienes tienen dificultades para relajarse o dormir profundamente.
- **Reduce ruidos molestos:** La música puede actuar como un ruido blanco que bloquea ruidos ambientales que podrían interrumpir tu sueño.
- **Crea una rutina:** Escuchar música regularmente antes de acostarse puede convertirse en un señal para tu cerebro de que es hora de descansar, ayudando a establecer una rutina que favorezca un mejor descanso.
- **Estimula la liberación de dopamina:** La música puede activar áreas del cerebro relacionadas con el bienestar, liberando dopamina, lo que puede generar sensaciones de placer y tranquilidad.

Tengo que decirte que es muy importante elegir música suave, calmante y con un tempo lento para lograr estos efectos beneficiosos.

6. Si te levantas durante la madrugada...

Trata de no pararte de la cama. Solo en caso extremo de no poder controlar tus pensamientos. Prende la luz y respira suavemente. Aquí te dejo algunas estrategias que pueden ayudarte a manejar estas interrupciones del sueño:

- **Evita mirar el reloj,** esto puede generar ansiedad, lo que hace más difícil volver a dormir.
- **Trata de relajarte sin encender luces brillantes.**

Si te despiertas a mitad de la noche y no puedes dormir, mantén las luces apagadas o usa luces tenues. La luz brillante puede enviarle señales a tu cerebro de que es hora de despertarse. Intenta relajarte con respiraciones profundas o con ejercicios de meditación bíblica.
• **No uses dispositivos electrónicos.** Evita revisar el teléfono, la computadora o la televisión, ya que la luz azul que emiten puede alterar tu ritmo circadiano y dificultar que vuelvas a dormir.
• **Haz una actividad relajante.** Si no puedes volver a dormir después de veinte minutos, levantarte y hacer una actividad tranquila como leer un libro o escuchar música suave, puede ayudar a calmar la mente. Evita hacer actividades estimulantes, como comer o trabajar.

Cada persona es diferente, pero aplicar estos consejos puede ayudarte a mejorar tu descanso y a minimizar los despertares nocturnos.

7. Descansa por lo menos ocho horas diarias.
El descanso trae salud y sanidad para tu cuerpo y tu alma. Trata de ir a dormir antes de las diez de la noche. Muchas cosas suceden en tu cuerpo mientras descansas. Te dejo algunas de las cosas más importantes que produce el buen descanso:
• **Mejora la memoria,** la concentración, el aprendizaje y la toma de decisiones. También ayuda a mantener la claridad mental y el enfoque durante el día.
• **Fortalece el sistema inmunológico,** lo que permite una mejor respuesta ante infecciones y enfermedades.
• **Regula el metabolismo y el peso.** El sueño adecuado regula las hormonas que controlan el hambre, lo que puede ayudar a controlar el apetito y mantener un peso saludable.
• **Mejora la salud mental,** el descanso adecuado reduce

el riesgo de padecer trastornos emocionales como depresión, la ansiedad y mejora el estado de ánimo en general.
- **Favorece la reparación celular.** Durante el sueño, el cuerpo realiza procesos de reparación celular, lo que es clave para la regeneración muscular, la recuperación de tejidos y la salud en general.
- **Aumenta la energía y el rendimiento físico.** Dormir lo suficiente restaura la energía, lo que mejora el rendimiento y la resistencia en actividades diarias o deportivas.
- **Promueve la longevidad.** El sueño adecuado está vinculado con una mayor esperanza de vida. Dormir lo necesario reduce el riesgo de enfermedades crónicas, como las cardíacas, la diabetes y la hipertensión.
- **Equilibra las emociones.** Un buen descanso permite regular las emociones, ayudando a controlar el estrés y a mantener una perspectiva más positiva.

En resumen, dormir ocho horas cada noche es fundamental para mantener una buena salud física, mental y emocional.

8. Medita en la Biblia unos minutos antes de dormir.

Me gustaría compartir contigo varios beneficios tanto espirituales como emocionales de esta práctica. Aquí te explico cómo te puede ayudar:

La meditación bíblica te permite enfocar tus pensamientos en la Palabra de Dios, lo que ayuda a calmar tu mente antes de dormir. Los versículos que hablan sobre la paz y el consuelo, como Filipenses 4:6-7, pueden ayudarte a liberar ansiedad y preocupaciones, promoviendo un sueño más reparador: *«No se inquieten por nada; más bien, en toda ocasión, con oración y ruego, presenten sus peticiones a Dios, y denle gracias. Y la paz de Dios, que sobrepasa todo entendimiento, cuidará sus corazones y sus pensamientos en Cristo Jesús».*

- **Meditar en las Escrituras te conecta con tu fe y fortalece tu relación con Dios.** Puedes reflexionar sobre su amor, sabiduría y poder, lo que da seguridad y confianza. Esto te permite descansar en la certeza de que Dios está contigo, incluso durante la noche.

- **La meditación bíblica tiene poder de renovar la mente,** como se menciona en Romanos 12:2: «No se amolden al mundo actual, sino transfórmense mediante la renovación de su mente...». Esto puede ayudarte a dejar atrás pensamientos negativos, preocupaciones y tensiones acumuladas durante el día y reemplazarlos con pensamientos centrados en lo bueno, lo justo y lo puro, tal como se describe en Filipenses 4:8.

- **La Biblia ofrece consuelo en momentos de angustia y fatiga.** Versículos como Mateo 11:28, pueden ser una fuente de alivio, recordándote que puedes entregarle a Dios tus cargas y descansar en su presencia: «Vengan a mí todos los que están trabajados y cargados, yo les daré descanso».

- Meditar en versículos sobre agradecimiento y esperanza puede ayudarte a terminar el día con una actitud alegre. En lugar de enfocarte en lo negativo, puedes reflexionar sobre las bendiciones recibidas y agradecer a Dios por su fidelidad.

Pasar tiempo en la Biblia antes de dormir no solo te ofrece beneficios espirituales, sino también emocionales, ayudándote a fortalecer tu fe y a descansar en la paz de Dios.

9. Aléjate de la rumiación nocturna.

La rumiación es un proceso mental en el que una persona da vueltas repetidamente a los mismos pensamientos, preocupaciones o problemas, sin llegar a una solución. Es un patrón de pensamientos repetitivo, que puede estar relacionado con situaciones pasadas, preocupaciones actuales o miedos futuros, pero sobre todo, con errores del mismo día que nos mantienen en estado de ansiedad. A menudo la rumiación está vinculada a la ansiedad, la depresión y el estrés, ya que impide que la persona se enfoque en lo bueno que hizo durante el día y produce que dé vuelta una y otra vez a sus desaciertos.

No dejes vagar tus ojos, toma las riendas de tu mente, no permitas que tu mente empiece otra vez a construir teatros mentales que no sucedieron. Saca tu libreta llena de tu colección de promesas de Dios y dale una leída.

Para reflexionar

Establecer una rutina relajante antes de dormir es clave para mejorar la calidad del sueño y el bienestar general. Desde poner música tranquila y meditar en la Biblia, hasta crear un ambiente de descanso adecuado, cada acción que tomes para reducir el estrés y la ansiedad te ayudará a disfrutar de un sueño más reparador.

Además, integrar prácticas espirituales como la meditación bíblica te permite tener paz y consuelo antes de descansar, fortaleciendo tu mente y tu espíritu. Al cuidar de tu descanso físico y emocional, te aseguras de enfrentar cada nuevo día con renovada energía, claridad mental y serenidad. ¡Dulces sueños!

Promesas de Dios para la casilla 5

PROMESAS DE SANIDAD

3 Juan 1:2
Querido amigo, espero que te encuentres bien, y que estés tan saludable en cuerpo así como eres fuerte en espíritu.

Isaías 53:5
Pero él fue traspasado por nuestras rebeliones y aplastado por nuestros pecados. Fue golpeado para que nosotros estuviéramos en paz; fue azotado para que pudiéramos ser sanados.

Jeremías 17:14 NTV
Oh Señor, si me sanas, seré verdaderamente sano; si me salvas, seré verdaderamente salvo. ¡Mis alabanzas son solo para ti!

Salmo 103:3
Él perdona todos mis pecados y sana todas mis enfermedades.

Salmo 30:2
Oh Señor mi Dios, clamé a ti por ayuda, y me devolviste la salud.

Proverbios 3:7-8
No te dejes impresionar por tu propia sabiduría. En cambio, teme al Señor y aléjate del mal. Entonces dará salud a tu cuerpo y fortaleza a tus huesos.

Promesas de ánimo

Isaías 41:10
No tengas miedo, porque yo estoy contigo; no te desalientes, porque yo soy tu Dios. Te daré fuerzas y te ayudaré; te sostendré con mi mano derecha victoriosa.

Mateo 11:28
Luego dijo Jesús: «Vengan a mí todos los que están cansados y llevan cargas pesadas, y yo les daré descanso».

Salmo 40:1-2
Con paciencia esperé que el Señor me ayudara, y él se fijó en mí y oyó mi clamor. Me sacó del foso de desesperación, del lodo y del fango. Puso mis pies sobre suelo firme y a medida que yo caminaba, me estabilizó.

Salmo 46:1
Dios es nuestro refugio y nuestra fuerza; siempre está dispuesto a ayudar en tiempos de dificultad.

Isaías 40:31
En cambio, los que confían en el Señor encontrarán nuevas fuerzas; volarán alto, como con alas de águila. Correrán y no se cansarán; caminarán y no desmayarán.

Josué 1:9
Mi mandato es: "¡Sé fuerte y valiente! No tengas miedo ni te desanimes, porque el Señor tu Dios está contigo dondequiera que vayas".

PROMESAS DE BENDICIÓN

Números 6:24-26
"Que el Señor te bendiga y te proteja.
Que el Señor sonría sobre ti y sea compasivo contigo.
Que el Señor te muestre su favor y te dé su paz".

Salmo 3:8
La victoria proviene de ti,
oh Señor; bendice a tu pueblo.

Juan 3:16
Pues Dios amó tanto al mundo que dio a su único Hijo, para que todo el que crea en él no se pierda, sino que tenga vida eterna.

Salmo 29:11
*El Señor le da fuerza a su pueblo;
el Señor lo bendice con paz.*

Romanos 5:1
Por lo tanto, ya que fuimos hechos justos a los ojos de Dios por medio de la fe, tenemos paz con Dios gracias a lo que Jesucristo nuestro Señor hizo por nosotros.

Promesas que nos ayudan a confiar en Dios

Nahúm 1:7
El Señor es bueno, un refugio seguro cuando llegan dificultades. Él está cerca de los que confían en él.

Salmo 27:3
Aunque un ejército poderoso me rodee, mi corazón no temerá. Aunque me ataquen, permaneceré confiado.

Salmo 18:2
El Señor es mi roca, mi fortaleza y mi salvador; mi Dios es mi roca, en quien encuentro protección. Él es mi escudo, el poder que me salva y mi lugar seguro.

Salmo 13:5-6
Pero yo confío en tu amor inagotable; me alegraré porque me has rescatado. Cantaré al Señor, porque él es bueno conmigo.

2 Samuel 22:31
El camino de Dios es perfecto. Todas las promesas del Señor demuestran ser verdaderas. Él es escudo para todos los que buscan su protección.

Isaías 12:2
Miren, Dios ha venido a salvarme. Confiaré en él y no tendré temor. El Señor Dios es mi fuerza y mi canción; él me ha dado la victoria.
Promesas del amor inagotable de Dios.

1 Juan 4:10
En esto consiste el amor verdadero: no en que nosotros hayamos amado a Dios, sino en que él nos amó a nosotros y envió a su Hijo como sacrificio para quitar nuestros pecados.

Juan 15:13
No hay un amor más grande que el dar la vida por los amigos.

Romanos 5:8
pero Dios mostró el gran amor que nos tiene al enviar a Cristo a morir por nosotros cuando todavía éramos pecadores.

Salmo 36:7
¡Qué precioso es tu amor inagotable, oh Dios! Todos los seres humanos encuentran refugio a la sombra de tus alas.

2 Corintios 8:9
Ustedes conocen la gracia generosa de nuestro Señor Jesucristo. Aunque era rico, por amor a ustedes se hizo pobre para que mediante su pobreza pudiera hacerlos ricos.

Romanos 5:5
Y esa esperanza no acabará en desilusión. Pues sabemos con cuánta ternura nos ama Dios, porque nos ha dado el Espíritu Santo para llenar nuestro corazón con su amor.

PROMESAS PARA FORTALECER EL ESPÍRITU

Salmo 28:7
El Señor es mi fortaleza y mi escudo; confío en él con todo mi corazón. Me da su ayuda y mi corazón se llena de alegría; prorrumpo en canciones de acción de gracias.

2 Corintios 12:9
Cada vez él me dijo: «Mi gracia es todo lo que necesitas; mi poder actúa mejor en la debilidad». Así que ahora me alegra jactarme de mis debilidades, para que el poder de Cristo pueda actuar a través de mí.

Salmo 73:26
Puede fallarme la salud y debilitarse mi espíritu, pero Dios sigue siendo la fuerza de mi corazón; él es mío para siempre.

Nehemías 8:10b
¡No se desalienten ni entristezcan, porque el gozo del Señor es su fuerza!».

1 Crónicas 16:11
Busquen al Señor y su fuerza, búsquenlo continuamente.

Salmo 46:1
Dios es nuestro refugio y nuestra fuerza; siempre está dispuesto a ayudar en tiempos de dificultad.

2 Tesalonicenses 3:3
Pero el Señor es fiel; él los fortalecerá y los protegerá del maligno.

Promesas de protección:

Salmo 33:20
Nosotros ponemos nuestra esperanza en el Señor; él es nuestra ayuda y nuestro escudo.

Salmo 32:7
Pues tú eres mi escondite; me proteges de las dificultades y me rodeas con canciones de victoria.

Salmo 34:7
Pues el ángel del Señor es un guardián; rodea y defiende a todos los que le temen.

Salmo 16:1
Mantenme a salvo, oh Dios, porque a ti he acudido en busca de refugio.

Juan 16:33
Les he dicho todo lo anterior para que en mí tengan paz. Aquí en el mundo tendrán muchas pruebas y tristezas; pero anímense, porque yo he vencido al mundo.

Deuteronomio 31:6
¡Así que sé fuerte y valiente! No tengas miedo ni sientas pánico frente a ellos, porque el Señor tu Dios, él mismo irá delante de ti. No te fallará ni te abandonará.

¿Ha sido útil para ti esta lectura?
Si tu respuesta es si, quisiera pedirte un favor:
Considera dejar una reseña en **AMAZON** para que este libro llegue a muchas personas y que puedan encontrar el camino de regreso a la vida.

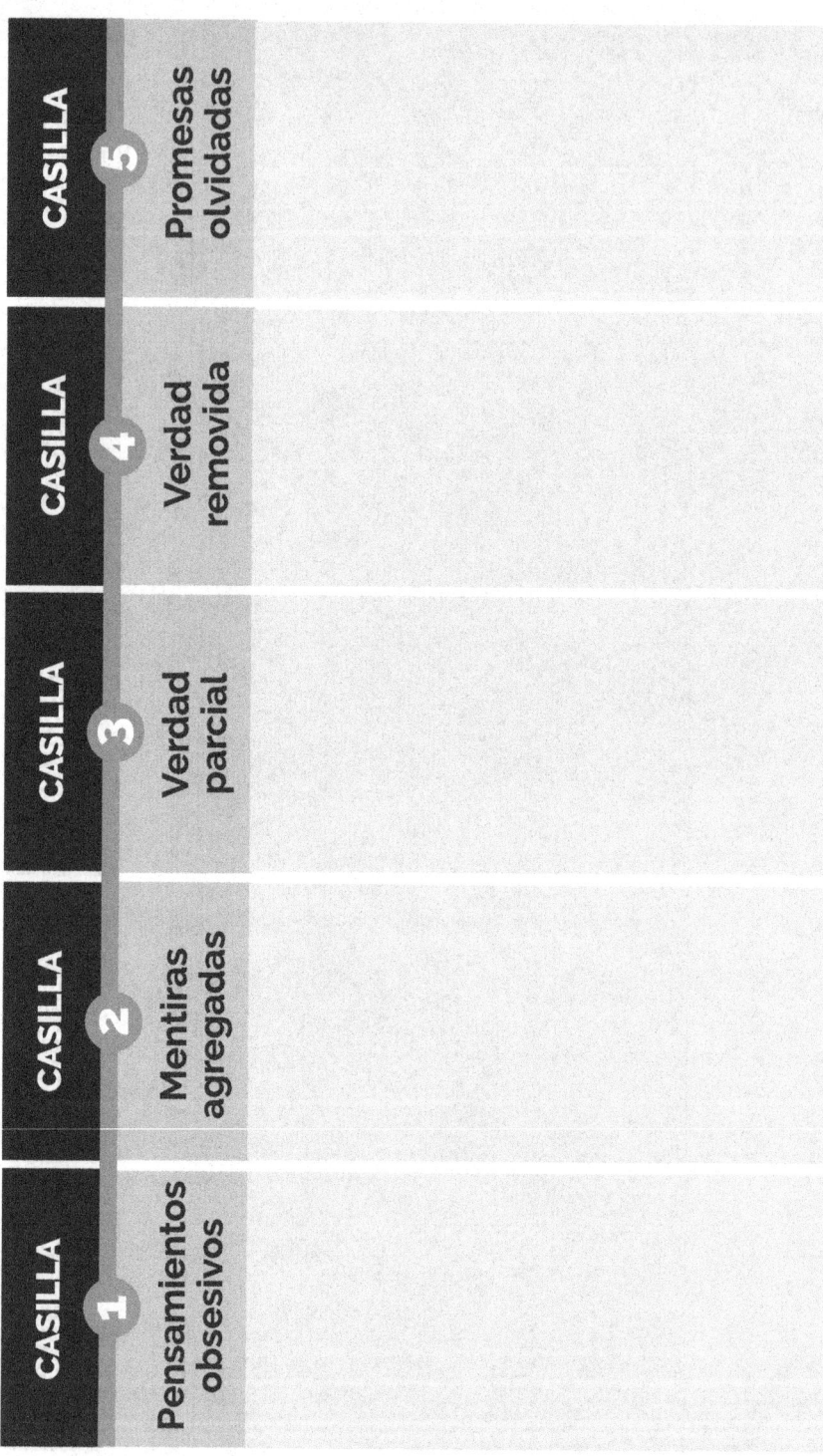

CASILLA 1	CASILLA 2	CASILLA 3	CASILLA 4	CASILLA 5
Pensamientos obsesivos	Mentiras agregadas	Verdad parcial	Verdad removida	Promesas olvidadas

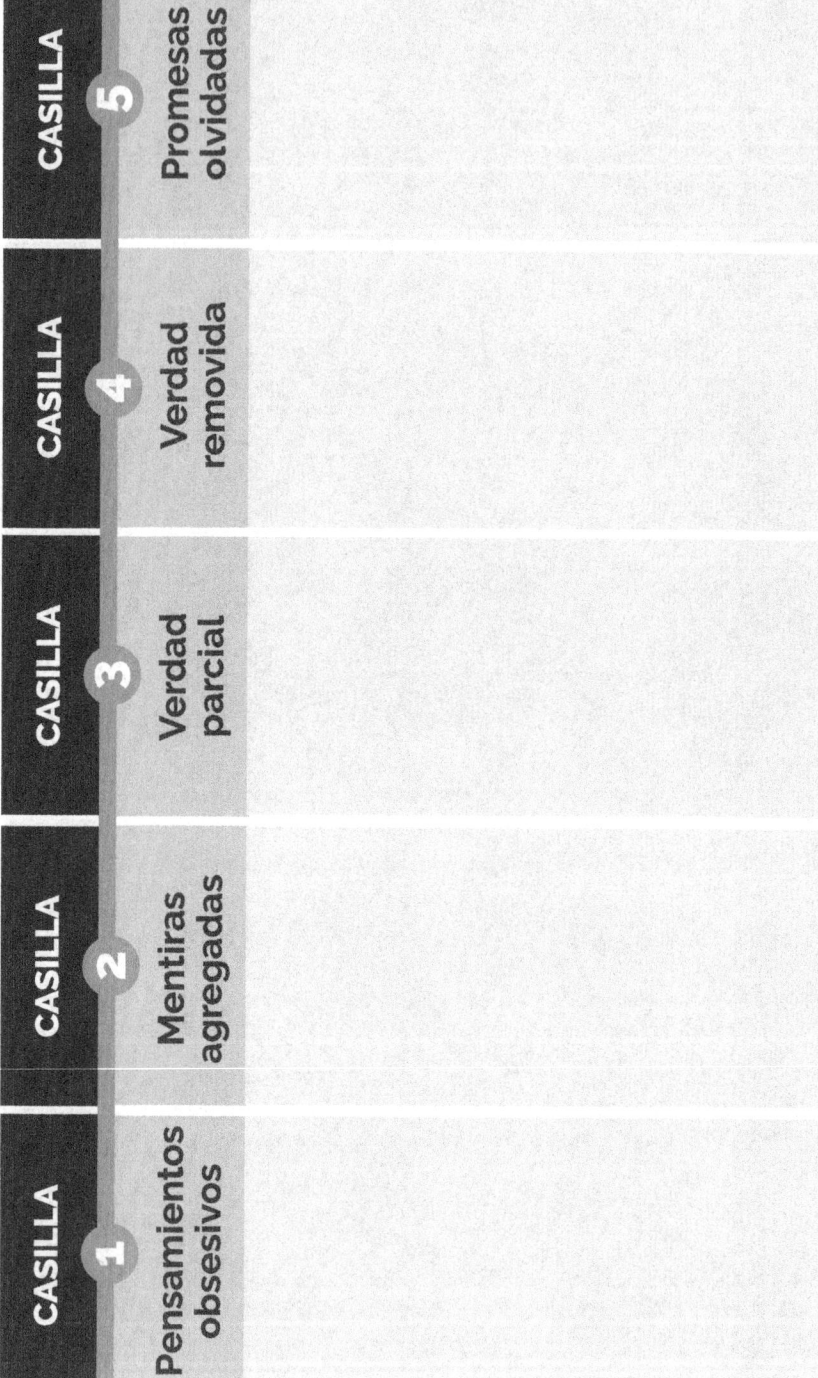

CASILLA 1	Pensamientos obsesivos
CASILLA 2	Mentiras agregadas
CASILLA 3	Verdad parcial
CASILLA 4	Verdad removida
CASILLA 5	Promesas olvidadas

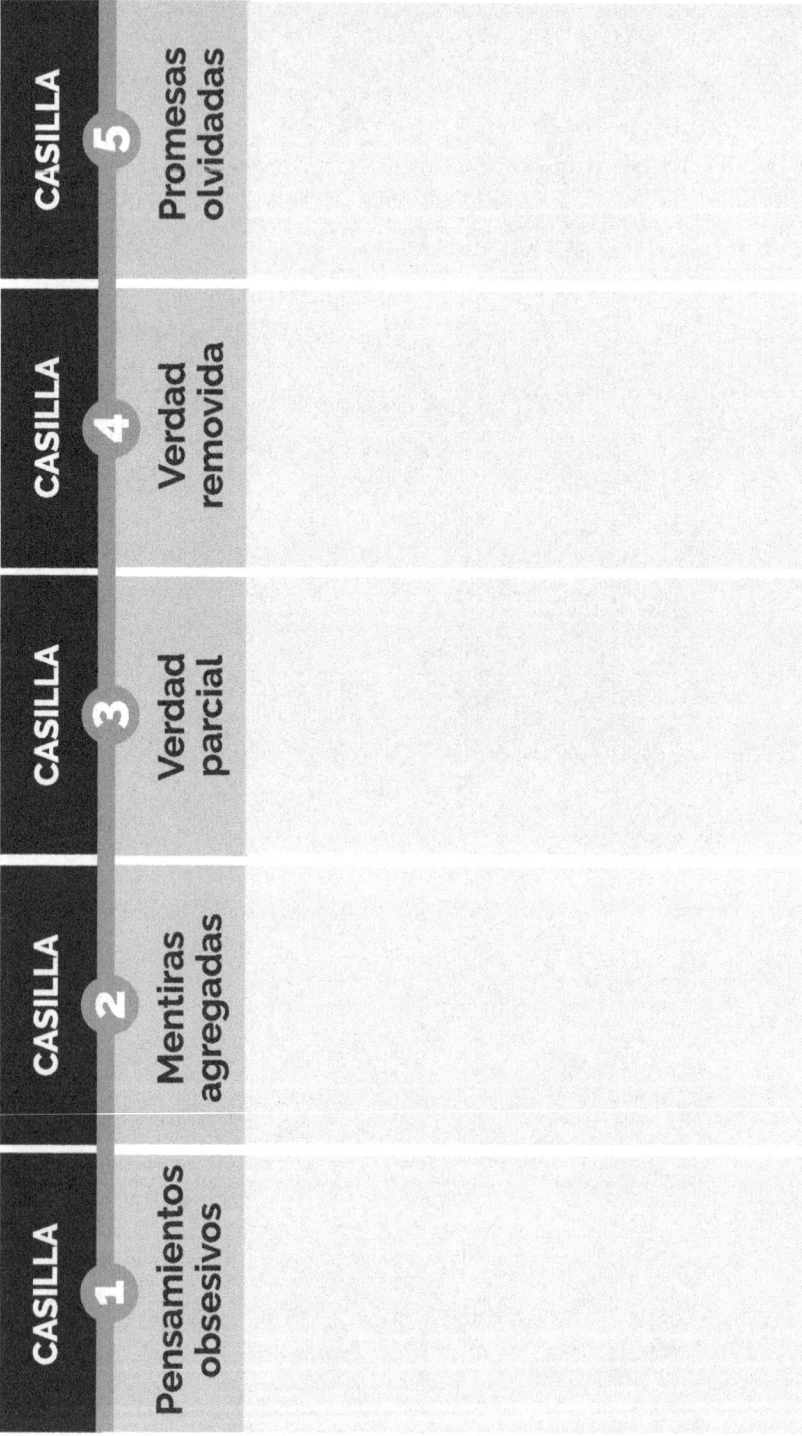

Made in the USA
Coppell, TX
17 December 2025

66175957R10128